微信营销与运营实操手册

策略、方法、技巧、工具与案例大全

黄伟芳/编著

图书在版编目 (CIP) 数据

微信营销与运营实操手册 / 黄伟芳编著 . —北京：北京大学出版社，2014.9
ISBN 978-7-301-24706-8

Ⅰ . ①微… Ⅱ . ①黄… Ⅲ . ①网络营销—手册 Ⅳ . ① F713.36-62

中国版本图书馆 CIP 数据核字（2014）第 198305 号

书　　　　名	：微信营销与运营实操手册
著作责任者	：黄伟芳　编著
责 任 编 辑	：刘　维　廖姣娣
标 准 书 号	：ISBN 978-7-301-24706-8/F・4030
出 版 发 行	：北京大学出版社
地　　　　址	：北京市海淀区成府路 205 号　100871
网　　　　址	：http://www.pup.cn　新浪官方微博：@北京大学出版社
电 子 信 箱	：hzghbooks@163.com
电　　　　话	：邮购部 62752015　　发行部 62750672
	编辑部 65913539　　出版部 62754962
印　刷　者	：北京嘉业印刷厂
经　销　者	：新华书店
	787 毫米 ×1092 毫米　16 开本　19.25 印张　272 千字
	2014 年 9 月第 1 版　2018 年 4 月第 7 次印刷
定　　　　价	：56.00 元

未经许可，不得以任何方式复制或抄袭本书之部分或全部内容。
版权所有，侵权必究
举报电话：010-62752024　电子信箱：fd@pup.pku.edu.cn

目录

入门篇 认识微信与微信营销

第一章 微信白描：微信上，啥都有 /003

第一节 微信是什么 / 004
第二节 微信能做什么 / 006
第三节 微信中蕴藏的商业价值 / 031
第四节 微信的商业模式 / 041
第五节 为什么应该重视微信营销 / 058

第二章 营销，从设计微信公众账号开始 /063

第一节 微信公众账号的四大价值 / 064
第二节 如何选择微信公众号 / 066
第三节 微信公众账号的设计之道 / 075

第三章 微信营销，内容价值是核心 /087

第一节 用户为什么关注公众账号 / 088
第二节 什么内容才是用户关注的 / 090
第三节 什么时间推送最有效 / 098
第四节 如何让内容更有吸引力 / 099

第四章 微信公众账号的推广与运营 /107

第一节 微信公众账号的四大运营法则 / 108
第二节 利用订阅号，提供更多增值服务 / 113
第三节 利用服务号，实现个性化服务 / 119

第五章 微信粉丝，要挖掘，更要维系 /129

第一节 微信粉丝从何而来 / 130
第二节 如何把潜在用户转变为现实用户 / 146
第三节 如何留住老用户 / 151

认识微信与微信营销 入门篇

策略篇 如何做好微信营销

第六章 微信营销策略的制定与规划 /159

第一节　设立微信营销目标　　/ 160
第二节　五步制定营销策略　　/ 165

第七章 微信营销的原则、方法、技巧与误区 /173

第一节　微信营销的四大原则　　/ 174
第二节　微信营销的实用方法　　/ 183
第三节　如何在营销红海中游刃有余　　/ 195

第八章 微信营销效果的考核与评估 /205

第一节　微信营销的考核标准　　/ 206
第二节　如何进行KPI考核　　/ 208
第三节　微信数据统计的利用　　/ 209

第九章 传统行业的微信营销策略 /215

第一节 明星自媒体的微信营销策略 / 216
第二节 旅游业的微信营销策略 / 222
第三节 餐饮业的微信营销策略 / 229
第四节 房地产行业的微信营销策略 / 235
第五节 航空业的微信营销策略 / 240
第六节 金融业的微信营销策略 / 246
第七节 酒店业的微信营销策略 / 250
第八节 快速消费品行业的微信营销策略 / 254
第九节 出版业的微信营销策略 / 259
第十节 汽车销售业的微信营销策略 / 264
第十一节 服装业的微信营销策略 / 268

第十章 互联网行业的微信营销策略 /273

第一节 互联网行业的微信营销策略 / 274
第二节 汽车网站的微信营销策略 / 279
第三节 视频网站的微信营销策略 / 282
第四节 音乐网站的微信营销策略 / 285
第五节 地方门户网站的微信营销策略 / 287

微信营销实例 **实践篇**

第十一章 电商企业的微信营销策略 /291

第一节　B2B网站的微信营销策略　　/ 292
第二节　B2C网站的微信营销策略　　/ 294

参考文献　　/297

实践篇　微信营销实例

入门篇

认识微信与微信营销

第一章

微信白描：
微信上，啥都有

第一节 微信是什么

十年前，人们见了面会问："你有QQ号吗？"十年后，人们相遇时问："你微信号是什么？我加你！"微信，正在悄无声息地改变着人们的生活：

以前，人们到了餐馆之后，问服务员："今天有什么特价菜？"而现在，只需要打开微信，扫一扫餐馆的"二维码"，这家餐厅的特色菜、团购套餐和其他优惠信息就会展示在人们面前。

以前，人们通过家人、朋友打电话来传递信息，如果在外地，还需要缴纳高昂的"漫游费"；而现在，人们可以通过微信来发送文字、语音、视频等多种信息，即使对方暂时无暇他顾，过后也可以查看、收听、回复。

以前，人们打商家的外卖电话或登录第三方网站订餐；而现在，只需要打开微信，找到饭店的公众账号，就可以方便、快捷地订餐。

以前，人们要么到商场里，要么到购物网站去买衣服；而现在，在微信里就可以浏览商品信息，选择自己心仪的衣服，下单后用不了多久，衣服就会送到你的手中。

微信不仅融入时下很多人的日常生活，更逐渐渗透到各种社会及商务活动中，潜移默化地改变甚至颠覆了传统的商业模式。

那么，微信是什么？

在应用软件平台上，微信的产品介绍是：微信（WeChat）是腾讯公司于2011年年初推出的一款快速发送文字和照片、支持多人语音对讲的手机聊天软件。用户可以通过手机或平板电脑快速发送语音、视频、图片和文字。微信提供公众平台、朋友圈、消息推送等功能,用户可以通过"摇一摇""搜索号码""附近的人"和扫二维码等方式添加好友和关注公众平台,同时通过微信将内容分享给好友,也可以分享到微信朋友圈。

微信的创造者、微信团队总负责人张小龙给它的定义是:"微信的起点,就是一套消息系统。这个消息系统的核心就是'对象'和'信息',其最关键的使命是沟通。"

在普通用户眼中,微信是一种聊天和交友工具,是越来越无法割舍的即时通信方式。

而在营销者的眼中,微信是渗透了所有人群的一种营销利器。

我们可以看这样一组数据:2011年1月21日,微信正式上线。2012年3月底,微信用户破1亿。从"0"到"1亿",只用了14个月的时间。2012年9月17日,微信用户破2亿,第二个1亿的实现只用了不到6个月的时间。2013年1月15日,微信用户达到了3亿,4个月,耗时再次被缩短。到2013年10月24日,腾讯微信的用户数量已经超过了6亿,每日活跃用户高达1亿。

从来没有一款产品能够达到如此宽广的用户维度:大学生们用它来与同学聊天、阅读、找工作,老师用它来与家长交流孩子在学校期间的表现,出租车司机用它来寻找乘客,月嫂用它来寻找雇主,记者用它来搜集新闻线索,粉丝们用它来与偶像交流,企业家们用它来订阅财经杂志、收看每日推送的创业项目,而近古稀之年的爷爷、奶奶也可以利用微信群来与家人交流、查看儿孙们的每日动态……无论老幼、无论身处什么行业的人,微信都能为其提供"使用价值"。

而在这"使用价值"背后隐藏的,是不可估量的商机,是取之不尽的财富宝藏,微信营销由此诞生。

在微信营销时代,客户不在别处,就在你的手机里。只要你把握住了智能手机客户端,你就可以发掘客户、维系客户、服务客户,你就把握住了商机。

查尔斯·狄更斯在《双城记》的开篇曾经写过这样一段话："这是最好的时代，这是最坏的时代；这是明智的时代，这是愚昧的时代；这是信仰的时期，这是怀疑的时期；这是光明的季节，这是黑暗的季节；这是希望之春，这是失望之冬；人们面前应有尽有，人们面前一无所有。"如今我们也身处这样一个时代，微信营销的大潮已经席卷而来，谁能领悟到其中的秘诀，谁能得心应手地利用微信这个利器，谁就会在这个"最好的时代"中如鱼得水。

第二节 微信能做什么

微信的价值从何而来？要回答这个问题，我们首先应该了解的是微信的使用价值。

在移动互联网日益发达的时代，各类社交类的应用软件层出不穷，QQ、开心网、微博……都曾经一度成为备受人们喜爱的交流、沟通方式，然而，它们却都不曾像微信这样拥有如此广泛的用户维度、如此高的用户黏性，涉及并深入生活的方方面面，蕴含着如此强大的商业价值。这一切只因为，微信具有与众不同的使用价值。简而言之，QQ、开心网、微博……所能做到的事情，微信也能做到，而微信所能做到的事情，QQ、开心网、微博……却做不到。

那么，微信究竟能做什么？

1. 查找附近的人

2011年8月，微信开发团队推出了一项全新的功能——"查找附近的人"。查找附近的人是基于地理位置服务（LBS）的一项增值业务，通过这项业务，人们可以轻松查找到自己所在地理位置附近的人。

在微信上，只要打开"附近的人"这项功能，屏幕上就会显示出一排附近的人，并且会标明对方距离自己有多远，最远可以达到1000米。只需要用手指轻轻一点,就能发短信给对方,与对方进行交流。

"查找附近的人"在陌生人之间建立起一个交流、沟通的桥梁。因为充分把握了用户的交友需求,微信刚一推出这项功能,用户数量就实现了一次大爆发:当天,微信用户达到了1500万。到2011年年底,微信用户又再度增长到了5000万。

"查找附近的人"所蕴含的商机在于,用户在通过这项功能查找身边其他微信用户时,不但能看到对方的微信名等基本信息,而且还会看到对方签名栏的内容。签名栏是腾讯很多产品都具备的一项功能,无论是QQ,还是腾讯微博,

用户都可以自由地撰写个性签名、更新自己的状态，但这些"签名"通常只有用户的好友才能看到。而微信却突破了这一限制，哪怕是陌生人，也可以将身边人的"签名"一览无余。这样，用户就可以利用签名来推送自己的信息或广告。

我们可以想象以下两个场景。

场景一：

正值春运高峰的时候，你在火车站焦急地排队买票，好不容易排到自己了，却被告知：到你家乡的票已经全部卖完了！怎么办？这时，你可以打开微信"查找附近的人"功能，更新自己的签名："有开车回保定的吗？我很不幸没有买到北京到保定的车票，希望能搭顺风车，平摊油费和过路费。"这样，其他人就能看到你推送的信息，与你联系，春运问题迎刃而解。

场景二：

你经营着一家以外卖为主的小餐馆，却苦于客源有限，生意难以为继。你曾经尝试着到附近的写字楼里去发送小广告，却屡次都被保安当作推销员而驱逐出去。其实，你为什么不利用手机中的免费广告栏呢？只要在微信签名栏里写下自己餐馆的信息、服务、联系方式等，然后打开"查找附近的人"功能，那些经常因为午饭问题而愁眉不展的白领们就会关注到你，而且他们全都位于周围一千米以内！这个免费广告可谓精准、有效。

可以设想一下，如果企业在后台24小时运行微信，然后雇佣一批人在营销目标地点或是人流密集的地方蹲点、溜达。只要使用"查看附近的人"这项功能的人够多，这个广告的效果就一点儿也不亚于公交车站海报、楼盘广告的效果。更重要的是，后者的浏览量已经基本定型了，而微信的用户数量却每天都在增长，相应的，查看企业"签名栏广告"的人也会越来越多，广告效果自然也会越来越好。只要用心，这个"签名栏广告"完全能够成为一个免费的、移动的、精准的"黄金广告位"。

2. 漂流瓶

"漂流瓶"的由来历史悠久，很久之前，在交通不便的年代，人们把自己的心里话写在小纸条上，密封于玻璃瓶中，将其投掷到辽阔的大海里，让它随着洋流自由漂浮，最终，一个未知的有缘人会捡到它。这种穿越大海与陌生人交流的方式，既有趣又新鲜，而且充满着未知的神秘感，因此，备受人们的欢迎。QQ邮箱发现了这个神奇传说对于人们的巨大吸引力，于是将其搬到了线上。2011年10月，微信开发团队又把它移植到了微信中。

在微信开通这个功能之前,漂流瓶就广受 QQ 用户的欢迎,积攒了大量的人气和粉丝,加之微信中的漂流瓶保留了原始、简单、容易使用的风格。因此,漂流瓶功能也为微信带来了很多用户。

漂流瓶的玩法分为两种,一是"扔一个",用户可以发布语音或文字信息,然后将其扔向"大海"里,如果其他人捞到了这个瓶子并对其感兴趣的话,双方就可以进行互动、交流;二是"捡一个",用户可以在"大海"里捞其他人投放的漂流瓶,查看漂流瓶中的信息,如果对其感兴趣的话,就可以与其进行对话。用户投放漂流瓶的数量是无限的,但捡漂流瓶的次数却是有限的,每个人每天只能捡 20 次。

一"扔"一"捡"之间,是微信用户的良性互动。而互动频繁产生的时候,也就是营销的绝佳时机。很多企业已经看到了漂流瓶中所蕴含的营销效应,有些企业甚至已经利用它进行了成功的营销。

招商银行曾经通过微信发起了一次"爱心漂流瓶"的推广活动。活动期间,用户可以用"漂流瓶"功能来捡招商银行投放到"大海"里的爱心漂流瓶,通过回复来与招商银行进行互动。作为回报,招商银行会通过"小积分,微慈善"平台为自闭症儿童提供帮助——用户每回复一个"爱心漂流瓶",就等于捐出一

个积分,凑够了五百个积分,自闭症儿童就可以得到一个课时的专业辅导训练。只要拇指一动,就能奉献自己的一份爱心,这种简单又能够传递善意的活动,吸引了很多用户加入其中。

为了达到更好的推广效果,招商银行还通过微信官方对漂流瓶的参数进行了调整,提高用户"捡"到爱心漂流瓶的概率。因此,在活动中,用户每捡十次漂流瓶,就有可能会捡到招商银行的漂流瓶。

招商银行的新型营销方式为很多企业提供了参考。利用漂流瓶来进行营销,不像邮件营销那样有可能会被用户拉入"黑名单",信息传递率能够达到100%。企业应该重视漂流瓶的价值,充分发挥它的作用,在这方面,既可以效仿招商银行,与微信官方进行合作,也可以注册多个微信账号,每天发送大量的广告信息来达到宣传、推广效果。

当然,凡事都有利有弊,漂流瓶也具有一定的缺陷,比如,无法锁定目标对象。人海茫茫,谁也无法预知漂流瓶会被谁"捡"到。即使被"捡"到,也有可能会"一去不复回",因为对方或许会忽视甚至厌恶这些广告信息,让漂流瓶再度回归到"大海"里。并且,企业也无从知晓用户的反应,无法得到用户的反馈。

3. 朋友圈

朋友圈是微信最基础的一个功能,用简单的话来说,朋友圈就是人们的人际关系圈,在这里,用户可以发表自己的心情,可以分享图片文字给自己的好友,也可以评论好友的心情、图片,与好友进行互动,交流感情。

如果从商业的层面来看时下流行的各种社交工具与平台,无论QQ、微博,还是微信,之所以能够兴起、爆发、日益壮大,其商业逻辑在于,它们能够满足用户两方面的需求,一是自我表达的需求,二是情感沟通的需求。马斯洛需求层次理论将人的需求分为五个层次:生理需求、安全需求、爱和归属感(也称为社交需求)、尊重以及自我实现。而自我表达和情感沟通显然都属于社交需求的范畴，是较高层次的需求。朋友圈恰好能够满足用户的这两种需求，而微信之所以能够迅速积攒如此多的粉丝、在社会上如此风靡，一方面是因为它的短信、语音乃至视频等多种方式的即时交流，另一方面也是因为朋友圈所带来的自我展示、情感传递以及思想共鸣。

朋友圈的好友来源主要有两种，一是手机通讯录，二是 QQ 好友。这两种来源决定了朋友圈的好友都是基于朋友的强关系，相对来说彼此之间都是关系密切的。虽然还可以通过搜索账号来添加好友，但是通过这种途径来获取的朋友还是比较少的，因为如果一个人既不在你的手机通讯录里，也不属于你的 QQ 好友，通常来说，不会是你关系多么密切的朋友。

用户与用户之间的交流方式也比较独特。在微博，如果一个人评论了另一个人的信息，所有人都能看到这条评论。但在微信，规则却有所不同：如果 A 与 C 建立了好友关系，B 与 C 也建立了好友关系，但是 A 与 B 不是好友，那么，A 对 C 的评论或是赞，B 是无法看到的。这种更为私密的交互方式，决定了朋友圈里的好友不只是一种熟人关系链构建而成的强关系，更是一个以用户为中心的、一对多的、小众的、隐私的空间。在这个空间里，人们交流的不是信息，而是内容，是生活的点点滴滴。

基于以上两点，朋友圈的信息曝光率是远超于其他社交平台的。如果人们在朋友圈发一条信息，90%的好友会接收到。好友之间的互动率也是相当高的，比如，一个人在朋友圈推荐某种产品，需要或感兴趣的人马上就会评论或发送信息给他来进行深入的交流。而且，出于朋友间的相互信任，推荐的产品更容易被其他用户接受，从而达到口碑传播的目的，实现品牌的病毒式营销。因此，从营销的角度来说，朋友圈的效果明显优于其他的社交工具。

但是，在朋友圈直接进行营销也存在着一些问题。因为即使是关系密切的好友，如果整天在朋友圈里发一些营销短信，也是会令人产生反感情绪，反感的结果就是在朋友圈里将这个人屏蔽，或者直接将其拉进黑名单。所以，赤裸裸的广告是行不通的。在朋友圈进行营销，最关键的一点在于如何巧妙地将广告融入好友感兴趣的内容之中，让营销变得不知不觉、自然而然。

从本质上来说，朋友圈的营销价值并不在于能够直接向好友推广或宣传产品，而在于用一种更为私密的交流方式、更具有信任度的强关系来巩固微信这个社交平台的交互关系，从而延伸、带动其他服务模式的发展，使微信的商业价值更高。

4. 摇一摇

2011年10月1日，微信添加了"摇一摇"功能，这是一个随机交友应用，也是一种新鲜的移动交友方式。只要轻轻地摇动手机，就可以搜寻到同一时间摇动手机的人，用户可以查阅对方的资料、个性签名，也可以向对方打招呼，与对方进行交流。

使用微信的"摇一摇"功能，微信会自动把用户的地理位置信息与其他正在"摇一摇"的人进行匹配，按照距离的远近为用户发送信息，只要一个招呼，就能与陌生人进行互动，从而建立一个社交网络。哪怕是位于世界两端的两个陌生人，只要同时摇动手机，也有可能通过这个功能认识对方，成为朋友。

"摇一摇"与"查找附近的人"异曲同工，目的都是帮助用户与陌生人之间建立互动关系，增强微信的用户黏度。只不过，"摇一摇"没有距离的限制，是升级版的"查找在线的人"。

"摇一摇"也可以成为发送营销信息的一个渠道，因为它具有很高的信息曝光度。如果企业派一批人不停地摇，传递的信息数量是巨大的，覆盖的地域范围也是非常广泛的。

在这个方面，一些企业已经率先试水了。

2013年2月14日，珠宝品牌"钻石小鸟"借着情人节这个珠宝消费的高峰期，利用"摇一摇"进行了一场别开生面的推广活动。只要用户在特定城市、特定地点和特定时间，使用微信"摇一摇"功能，就有可能会摇到价格昂贵的北极光钻石或其他精美的礼品。活动当天，现场非常火爆，无数人举起手机同时摇动，"钻石小鸟"的品牌知名度在短时间里得到了巨大的提升。

不仅一些企业看到了"摇一摇"背后蕴藏的无限商机，一些公益组织、政府机构也深谙这一点，并加以利用。

2014年1月20日，10名阆中古城的居民被聘请为阆中古城的微信营销员，他们的工作很简单，就是每天用微信"摇一摇"这一随机交友功能，打招呼、加好友，来推销阆中古城的旅游品牌，实现对古城的概念营销、品牌推广及口碑传播。

5. 扫一扫

"扫一扫"是微信的一个主要功能，其前身是"二维码"，用来扫描另一位用户的二维码以获取对方的信息，从而添加其为好友。随着微信功能的不断完善，"扫一扫"功能也得到了屡次升级。现在，用户不但可以用它来扫描二维码、商品条码，还可以扫描书籍、海报、CD、街景，甚至还可以扫描英文单词进行翻译，用途越来越广泛。

(1) 扫描二维码

每个微信使用者，无论是个人，还是公众账号，都会得到一个属于自己的二维码。只要别人扫描这个二维码，就可以得到这个微信号的有关信息，并可以对其添加关注。

(2) 扫描条码

商品都有一个独一无二的"身份证"，也就是它的条码。微信用户可以使用"扫一扫"功能来扫描这个条码，获取这件商品的基本信息，比如价格、生产厂商等。值得一提的是，"扫一扫"还为用户提供比价功能。与基本信息一同显示在屏幕上的，是这件商品的多个购买渠道及出售价格，用户可以自由地选择更为实惠的渠道来进行购买。

(3) 扫描封面

封面扫描支持书籍、CD及电影海报的识别，只要轻轻一扫，书名、作者、出版社、书号等信息就会显示出来。同时还会显示出豆瓣书评的评分、在线购买渠道、价格，供用户进行比对。

（4）扫描翻译

把英文单词放在识别框里，微信就能实时地把这个单词翻译成中文，并且提供不同词义的中文翻译。

在微信的所有功能中，"扫一扫"可以说是最早应用到商业领域的。一些企业很早就发现了二维码扫描所蕴含的商机，开展各种各样的推广活动，比如送精美礼品等来吸引潜在客户扫描企业的二维码，以此来获取更多的粉丝，为他们提供成员折扣及商家优惠。

从2012年7月开始，北京大悦城开展了多种多样的微信推广活动，比如"哆啦A梦诞生前100年特展""开往春天的地下铁——幾米异想之旅"，以及"百店新开，时尚升级"等，发送文字、语音、图片等多种丰富多彩的信息，来吸引用户前来购物。只用了10个月的时间，大悦城的微信账号就有了15万粉丝。而在这15万粉丝中，通过扫描大悦城的二维码而对其添加关注的，占了绝大多数。

上海欢乐谷也曾经利用"扫一扫"进行微信营销，打造了一个与消费者直接沟通的互动平台。2013年圣诞节期间，上海欢乐谷开展了"微信扫码赢半价门票"的推广活动。只要消费者扫描上海欢乐谷的二维码，就可以参加这个活动，并有机会获得精美贺卡、半价门票等丰厚的礼品。

对于利用"扫一扫"来进行推广的企业，最重要的是用折扣和优惠来吸引用户的注意力。如果企业只是简单地要求用户参加到活动中来，那么，大多数用户是不可能买账的。所以，营销人员必须给用户一个不可抗拒的诱因或理由来号召他们，比如餐饮企业"小肥羊"推出的"扫描二维码加关注，可享95折优惠，并可获赠新鲜羊肉一份"。令人心动的行动号召其实不只是为用户提供价值，更在于构建信任，获得双方之间的良性互动。

6. 微信群

微信群是微信提供的一种多人聊天交流服务，每个用户都可以创建群，邀请家人、朋友或拥有某种共同兴趣、爱好的人到群里来一起交流。在群里，人们不但可以通过文字、语音来聊天，还能分享网址、视频、图片等。

从社交关系的角度而言，微信群能够使用户的通讯录得到极大的拓展，让通讯录变得更加"立体化"。在生活中，人与人之间的关系通常都是交织在一起、多元化存在的。比如，你和这一群人是大学同学，但你和其中几个同学还是关系不错的朋友，有一个同学是你现在的同事，然后你和其他几个同学还同属于一个羽毛球队……"平面"的通讯录是无法表达这种"立体化"的社交关系的，而微信群则恰好可以解决这个问题：你可以建立一个同学群，和同学们聊聊同窗情，也可以建立一个朋友群，把同学中的几个朋友邀请到这个群里，还可以建立一个羽毛球群，和同样爱打羽毛球的人谈谈兴趣爱好。这样一来，社交关系就会变得立体、丰满起来，而微信的用户黏性也会随之得到提高。

微信群还能打破朋友社交与陌生人社交之间原本非常清晰的界限，使两个可能不是朋友，甚至连熟人都算不上的人也能在一个群里进行交流，基于地域、行业、兴趣等基础建立一种社交关系。从一定程度上说，通讯录对于用户是一种限制，因为它必须确保用户与某个人是双向关系，才会允许对方成为用户的微信粉丝，这样用户的关系链是基于熟人或朋友关系的，不会轻易泛滥。而微信群却在朋友社交的基础上，引入了一种陌生人社交关系，使用户的关系链变得开放、包容。

微信群作为营销工具的价值是巨大的，因为它同时具有以上两种社交关系的优点：在群里，每个人都可以主动推送信息，其他人是无法拒绝接收，也不能屏蔽的，因此，接收率和打开率都非常高，可以进行一对多的、效率高的信息传播。

一些企业早就认识到了微信群的商业价值所在，并利用它开展了一些品牌推广、品牌维护等活动。

2013年10月，江西省宜春农商银行为了给精心打造的"商圈贷款"品牌提供支持，特别推出了为商圈用户量身打造的微信群。通过"商圈贷款"微信群，宜春农商银行实现了对商圈用户的精准定位，并在平台内部把位于不同地域、处于不同行业的用户进行合理的分类，这样，既为用户提供了一个互相交流、互帮互助的渠道，也加深了银行与商圈用户之间的沟通和互动。比如，如果用户对"商圈贷款"存在什么意见或有什么好的看法和建议，可以在微信群里提出，与大家一起讨论、分享。对新用户的调查和授信，可以征求资深用户的观点与意见。用户最后的授信金额可以通过微信群进行公示，这样，"商贷"的透明度就得以保证，"商贷"品牌的信用也能得到维护。对用户民间负债及其他软信息的了解、把握，也可以通过微信群来进行。甚至贷后管理，也可以通过关注会员的状态更新来对用户的经营状况进行实时跟进，对存在问题的贷款做到及时、提前收回，尽可能地规避风险。

而让人们更加清晰地认识到微信群的巨大威力的活动，是2014年微信推出

的新年红包活动。2014年1月26日，新年红包正式上线。用户点击"新年红包"，就进入了发红包界面，选择"拼手气群红包"，输入发红包的个数和总金额，每个红包里所包含的金额就会随机生成。然后，用户把这些红包分享到自己的微信群里，好友们就可以"抢红包"了。微信红包在移动客户端迅速流行开来，很多人甚至不再发放传统的现金红包，全部用微信红包取而代之。

微信红包的火爆程度从几组数字中就可以窥见一斑：从2014年除夕开始，到大年初一的16时，参与抢微信红包的用户总计超过了500万，抢红包的次数在7500万次以上。用户领取到的红包总数超过了2000万个，平均每分钟领取的红包高达9412个。红包活动高峰是除夕当天晚上，最高峰期间，1分钟有2.5万个红包被领取，平均每个红包的金额在10元左右。

新年红包实际上是微信为了推广微信支付、争夺移动支付市场而推出的一场营销活动。因为发送红包及对红包进行提现，都必须绑定银行卡，所以，绑定微信支付的用户数量在短短一天的时间里就大量猛增，为微信在移动支付市场上"分蛋糕"发挥了巨大的作用。

新年红包主要以微信群作为发放载体和传播渠道，它的火爆，证明了微信群所蕴含的巨大营销潜力，也说明它是一个不可忽视的推广平台。

7. 微信游戏

2013年8月,一款叫作"飞机大战"的游戏一夜爆红。这款简单、轻松、不需要什么技巧的游戏,是微信游戏平台推出的第一款游戏,它向人们展示的是"和朋友们一起玩游戏"的概念。其核心在于,用户可以在朋友圈中晒出自己的成绩,可以看到朋友的成绩及自己在好友中玩这款游戏的排名,也可以在游戏中向朋友提供帮助并获得朋友的帮助。一时间,很多微信用户争相玩游戏"刷分",纷纷争做朋友圈里得分最高的人。"飞机大战"的火爆,直接拉动了微信5.0版本的更新速度,也使微信用户数量大增。

除了"飞机大战"外,微信游戏平台还先后推出了"天天爱消除""天天星连萌"等多款游戏。这些游戏的共同特点是容易上手、操作简单,非常"小儿科",这或许正是微信游戏备受欢迎的原因。在如今这个压力越来越大、生活节奏越来越快的社会,人们都希望能够有一个渠道来放松自己。而这些休闲小游戏则成功地做到了这一点,无论是人们在坐公交车的时候,还是在餐厅排队的时候,都可以掏出手机来玩上一两局小游戏,既不占用过多的时间,也可以让紧张的心情得到放松。更重要的是,用户不是一个人在玩,而是有很多好友一起玩,在玩游戏时,还能收获到社交带来的快乐。

微信游戏的火爆，充分证明了关系链的价值。一些游戏企业可以利用微信游戏这个功能，将一些休闲游戏、社交游戏接入这个平台上。几年前曾经在网络上红火一时的"开心农场""找车位""捕鱼达人"等游戏，无不是通过与社交平台合作而流行起来的。

但需要注意的是，腾讯要求对所有接入微信游戏平台的游戏进行独家代理。也就是说，这些游戏只能通过微信和 App Store 进行下载，不允许游戏厂家将其发行到其他的应用软件市场上。因此，如果要与微信游戏平台进行合作，就必须拒绝其他渠道。对此，游戏厂家一定要权衡好利弊，要清楚并不是所有游戏都适合接入微信游戏平台的。

8. 微信公众平台

微信公众平台是微信的一个基础功能模块，2012 年 8 月 23 日正式上线，曾经被命名为"官号平台"和"媒体平台"。通过公众平台，无论是个人、企业，还是政府机构都可以打造一个微信公众账号，可以通过这个账号来群发文字、图片、语音、视频等内容。

从本质上来说，微信公众平台是一个自媒体平台，在这里，个人、企业、政府、媒体等机构可以将自己的品牌推广给用户，与用户进行互动，提高品牌知名度。

（1）微信公众账号的类型

微信公众账号分为以下两种类型：

①订阅号

运营主体是组织和个人的，可以申请订阅号。订阅号可以为用户提供信息和资讯，每天只被允许发送一条群发消息。在用户的通讯录中，订阅号被折叠到订阅号文件夹中。订阅号推送给用户的消息，也会被显示在用户的订阅号文件夹中，不会直接显示到屏幕上。在发送消息给用户的时候，用户不会收到即时消息提醒。

②服务号

运营主体是组织的,比如企业、政府、公益机构、媒体等,可以申请服务号。顾名思义,服务号的目的是为用户提供服务。服务号一个月内只被允许发送一条群发消息。服务号发给用户的消息,不会折叠到文件夹中,而是会直接显示在用户的聊天列表中。并且,在发送消息给用户的时候,用户也会收到即时的消息提醒。

（2）微信公众账号与用户的交流方式

微信公众账号与用户之间主要有以下三种交流方式：

①消息推送

公众账号主动向用户推送内容，比如优惠信息、促销活动、品牌简介等信息。

②自动回复

因为公众账号采用的是一对多的交流方式，所以，微信公众平台在后台设置了一个自动回复选项，用户可以发送一些关键词主动向公众账号提取常规消息。公众账号会根据关键词来匹配相关的内容回复给客户，这样，就可以自动处理一些比较常见的查询和疑问。

③一对一交流

公众账号可以根据用户所提出的特殊疑问，为用户提供一对一的对话式服务。

通过消息推送，微信公众账号不但能够向用户推送品牌历史、新闻资讯、产品信息、折扣信息等丰富多样的内容，甚至还可以回应用户的咨询、解答他们的疑问，实现客服的功能。所以，从某种程度上来说，公众账号又是一个合格的CRM（客户关系管理）平台。

借助微信公众账号，企业可以以很低的成本把自己的品牌推广给上亿的微信用户，提高品牌知名度，打造拥有更大、更强影响力的品牌形象。微信公众号的口号是"再小的个体，也有自己的品牌"，从这个口号中，它对品牌推广的作用也能窥见一斑。

在微博中，企业账号与客户的评论与回复所有人都能看到，而微信公众平台上，消息推送是以一对多或一对一的方式来进行推送的，每个客户与企业之间的交流与沟通都是私密性极强的点对点式沟通。这样的沟通方式能够有效地保护客户的隐私，从而提高他们与公众账号进行互动的积极性，双方之间的亲密度也会得到提升。基于这个基础，公众账号又可以进行一些满足用户个性化需求的内容推送。

公众平台使用的是订阅模式,因此,订阅某个公众账号的用户,肯定是对这个企业有好感或是比较感兴趣的用户。在这个前提条件下,这些用户对公众账号所推送的消息就会表现出很高的接受度和宽容度,而且也会更积极、更主动地与公众账号进行互动、反馈。所以,企业就可以通过公众平台得到在其他平台上无法得到的高互动率,以及更为真实可信的客户反馈。这对于企业改善服务、优化产品能起到很大的作用。

不仅如此,微信公众账号信息的到达率几乎能够达到100%。这对于企业营销来说是一个好消息,因为意味着,可以有更多的时间和精力投入到内容策划及提高服务质量上,而不必不厌其烦地进行推广、运营。只要控制好消息推送的频率和内容质量,企业就会得到意想不到的营销效果。

基于以上几点,对于企业而言,微信公众平台更适合用于维护已经建立信任、实现良性互动的老客户的关系。不管是更进一步促成交易,还是为客户提供后续售后服务、获得反馈意见,都能收到较好的结果。

9. 消息推送

消息推送是微信公众平台的一个基本功能,微信公众账号可以通过后台的用户分组和地域控制,针对目标对象,完成精准的消息推送。一般的公众账号,可以群发文字、语音、图片三种形式的内容,而经过认证的公众账号则拥有更高的权限,不但可以推送单条图文信息,还可以向用户推送专题信息。

通过消息推送,企业可以与客户进行一些互动与交流,从而为他们提供更为个性化的服务。

目前,消息推送的方式可以分为以下两种类型:

(1) 一对多的推送方式

这种消息推送方式是最为常见的,一些企业每天向客户推送优惠折扣、品牌活动、促销信息、生活小贴士等内容，每个用户收到的内容都是一样的，人们可以各取所需。

（2）一对一的推送方式

采用一对一的推送方式，可以根据客户的个人情况及其反馈推送适合客户的内容，使每位客户获取与众不同的信息。这不但能够确保消息推送的精准度，而且也可以保证消息推送的私密性，从而提高用户黏性。

在一对一的消息推送方面，星巴克堪称是一个成功案例。

星巴克利用微信实现了品牌与客户的个性化互动，比如，2012年8月，星巴克曾经在微信上开展了一场"自然醒"的推广活动。用户在微信上添加"星巴克中国"为好友后，可以向它发送一个微信表情符号来表达自己当时的心情，星巴克会根据用户发送的心情，从《自然醒》专辑中选择最适合的一首曲目来进行回应。

星巴克将一对一传播的优势发挥到了极致，把自己的推广活动有的放矢地推送到了用户那里。为了丰富品牌与用户之间的互动形式特意添加的趣味元素，

比如听音乐等，也得到了用户的好评。

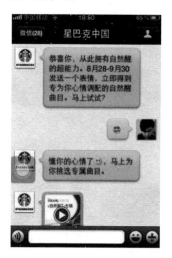

互动式的消息推送，为品牌营销提供了一个绝佳的渠道。但能否利用好这个渠道，却是很多企业需要思考的一个问题。在消息推送的时候，推送的内容一定要保证质量，要有一定的可读性和趣味性，能够吸引用户的注意力。因为用户通常都是在比较放松的状态下，利用边边角角的时间来使用微信，他们需要的不是枯燥乏味的官方消息，而是新鲜的、有趣的、有意思的、能让人获得轻松愉悦感受的信息。所以，企业在消息推送时，一定要让消息更有吸引力，在短时间内就能引人入胜。否则，用户很可能就会因为信息无用、无趣、乏味而取消关注，到那时，营销也就无从谈起了。

除此之外，消息推送要适量，过多的消息只会令人感到厌烦，而且从中提炼出有效信息的难度也会加大，反而不利于品牌营销。消息推送的时间和频率也应该恰当，过于频繁会惹人反感，而且会给用户带来干扰，使其正常交流受到影响，频率太低的话，却会被人遗忘。所以，时间和频率一定要有所把握，找到一个合适的平衡点。

10. 微信语音

微信语音又称为"语音对讲"，是微信的一大特色。语音信息既可以免去用户打字的麻烦，又不必像打电话一样耗费话费，是一种既节约时间又省钱的交流方式。因此，刚一上线，就受到了很多人的欢迎。现在，在大街小巷上，经常能看到有些人对着手机话筒喃喃自语，这也说明了微信语音的火爆程度。

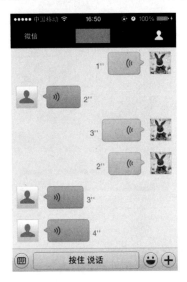

微信以语音作为主要的信息传递方式，不管是对于个人社交，还是对于品牌营销，都有着巨大的影响。

从个人社交的角度来看，语音对讲直接改变了人们以往习惯使用的文字通信方式，为人们打造了一个点对点的语音沟通平台。通过这个平台，人们不但可以用声音这个日常生活中最常使用的信息载体来传送信息，而且还能实时地传递语气、情感、心情、情绪等，使对话双方都能够获得直观感受，更好地把握彼此的心理。

从品牌营销的角度来看，企业推送给用户的信息也因此更多元化、更丰富多彩，企业与用户之间的互动也能更积极，甚至可以直接与用户进行对话，听取他们的心声，了解他们的需求，从而更好地完善企业的服务，使品牌变得更加完善、更受消费者喜爱。

目前，企业利用微信语音来进行营销主要采取以下两种方式：

（1）语音信息推送

公众账号每天向用户发送语音信息，以声音作为载体来传递新鲜资讯、促销信息等。这种新颖、别致的推送方式更容易吸引用户的注意力，获取更多的关注。

2012年7月，一个叫作"超极星播客"的公众账号开创了中国第一档基于移动客户端的手机语音播报节目。这个节目是由英特尔与腾讯共同策划并打造的，邀请著名主持人孟非、董路等作为嘉宾，陪伴微信上的体育迷走过从2012年7月27日伦敦奥运会开幕式到8月12日伦敦奥运会闭幕的17天奥运历程。只要关注"超极星播客"的公众账号，就可以第一时间获取丰富的奥运资讯、收听最新的战况，并且还能收听嘉宾们对一些时下流行的体育话题进行的讨论、点评，以及对奥运热点的解说，全天候沉浸在与嘉宾互动的欢乐气氛中。

（2）陪聊式互动

公众账号和用户进行一对一的"陪聊"，满足了很多用户希望私密聊天的需求，因此受到了很多人的喜爱。

这方面的成功案例是飘柔公司的微信公众账号。

只要用户添加"飘柔Rejoice"为好友，就可以根据选择进入聊天模式。在聊天中，飘柔塑造了一个叫作"小飘"的机器人形象，它不但会唱歌给用户听，还给用户准备了很多休闲小游戏，而且还对星座运程了如指掌。通过交流，对于很多用户来说，"小飘"已不只是一个公众账号，更是手机另一端的一个了解自己、愿意倾听自己心声的好朋友，自然对飘柔这个品牌也好感倍增。

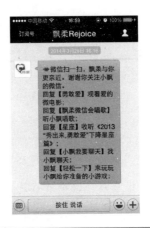

但是，陪聊式互动需要有针对性的对话，这对于很多企业来说，是一个巨大的挑战。尤其是当用户数量增加到一定程度之后，就需要有更多的陪聊人员来对账号进行维护，如果人员配备不足，就可能给用户的体验带来负面影响。

11. 微信支付

微信支付在微信中被称为"我的银行卡"，是由腾讯和第三方支付平台财付通联合推出的一项移动支付产品。只要用户在微信中绑定自己的银行卡，并完成身份认证，就可以把安装着微信 App 的智能手机变成一个"手机钱包"。在购买合作商家的商品及服务的时候，只需要在手机上输入密码，不需要再进行任何刷卡步骤就能完成支付，使支付变得更加简单、快捷、方便。

在"我的银行卡"功能中,微信还添加了多种生活服务,比如手机话费充值、Q币充值、微信红包、AA收款、电影票、嘀嘀打车等,使用户足不出户就可以获得完善的服务。

微信支付主要有以下三种应用:

(1) 线下扫码支付

用户扫描线下静态的二维码,就可以生成微信支付交易页面,完成交易流程。

(2) web扫码支付

用户扫描电脑客户端的二维码后,就会自动跳转到微信支付交易页面,完成交易流程。

(3) 公众号支付

用户在微信中关注商户的微信公众账号,在公众账号内就能完成商品和服务的支付购买。广东联通、麦当劳、香港航空等企业都支持这种支付方式。

如今,移动支付市场已经成为很多企业眼中的一块"大肥肉",人人都想分一杯羹,而微信支付的上线,是腾讯出的一记重拳。为占据更多的移动支付入口而展开的市场竞争已经越来越白热化,2014年年初愈演愈烈的"嘀嘀打车"和"快的打车"之争就是其中的一个缩影。可以说,谁把握了移动支付入口,谁就把握了未来的电子商务市场。

第三节 微信中蕴藏的商业价值

1. 微信ID:网络上的另类"身份证"

作为公民,每个人都有一个"身份证",这是我们生活在社会上的身份标识,会伴随我们的一生。你可能会遇到和你名字一样的人,可能会遇到与你相貌相仿的人，可能会遇到与你经历相似的人，但是你不会遇到一个与你有同样身份证号码的人，因为它是独一无二的，是区分我们的唯一的身份标识。

同样，在互联网时代，ID 就相当于我们的身份证，是我们在网络江湖里闯荡的身份标识。人们利用 ID 来记录自己在互联网上的行为，而网站则利用它来对某个人进行识别，然后把这个人和数据库当中的一组数据进行匹配。

在互联网 2.0 之前的时代，互联网企业最重视的是"流量"，因为有流量就有广告收入，就有钱赚。然而，伴随着互联网经济进入到 3.0 时代，流量已经不再被放在第一位上，取而代之的，是"数据"。只有掌握数据的人，才能拥有更多的话语权。那么，掌握数据的关键在于什么？是掌握互联网用户的身份，也就是掌握更多的 ID 及 ID 背后的人。

这正是各种社交平台兴起所带来的巨大变化：人们开始在网络上被识别出来了。在此之前，我们在网上"冲浪"的时候也有 ID，比如我们可能会在网易、和讯财经、优酷等网站上注册 ID。但是，在大多数时候，这个 ID 都是没有用的，因为我们在浏览新闻、视频的时候，根本无须登录。而且，很多人在注册的时候会使用假信息或是捏造的信息，所以过去一直流行着这样一句话：当你在网上聊天的时候，你根本不知道坐在电脑对面的是一个人还是一只狗。虽然网站也会利用 cookie 来对用户的浏览行为进行记录，但是他们所得到的信息只能反映出一个宏观的统计结果，无法深入某个具体用户的个人信息领域，无法描述出使用这个 ID 的完整的人。

而社交平台则完全不同。无论你使用微博、人人网还是微信，如果你不注册、登录你的 ID，就不可能进行社交之旅，甚至连别人说了什么都看不到。社交网站把人们与 ID 绑定在一起，在这里，人们展现出来的是一个真实的自己，人们的行为偏好是无法掩饰的。所以，这个 ID 可以等同于人们的真实身份，由此而积累的数据也就更具商业价值。

作为众多社交平台中的佼佼者，微信 ID 的商业价值显然更大。因为它与人们的生活之间的联系是如此紧密，这种用户高黏性是目前任何网站都无法与之相媲美的。在未来，微信 ID 还可能会成为像手机号一样的互联网通用 ID，人们在互联网上的商业行为数据会与自己的身份数据相对接，形成一个丰富的用户数据库。企业可以利用这个用户数据库，获得某个 ID 的完整数据形象，从而为其提供更具个性化的产品与服务。

2. 类 App Store：微型应用商店

App Store 是苹果公司的应用商店，虽然也被称为"商店"，但 App Store 卖的都是软件，每天都有无数用户通过它来浏览和下载应用程序。这里所说的"App Store"是一个宽泛的概念，指的是所有应用商店，安卓的机锋市场等也被纳入了这个范畴。而类 App Store，则是微信的一个发展方向，蕴藏着无数商机。

随着大量的第三方应用加入微信，微信公众平台开始出现了 App Store 的影子。通过微信，各种各样的公众账号都可以向人们推送信息、提供服务，人们只要打开微信，就可以简单、方便地获得各种类型的服务，而不需要从 App Store 下载应用。比如，人们只要关注工商银行的公众账号，就可以完成查询余额、查询明细、查询开户行、查询星级等多种服务，完全不需要再在手机上安装工商银行的应用软件。

如今，微信几乎成了一个微型的应用商店。尤其是微信开放了 API 的接口之后，微信公众账号所拥有的发挥空间更是被极大地拓展了。查询银行余额、英译中、订机票、订酒店、订电影票、美食菜谱、穿衣推荐……针对不同用户的不同需求所诞生的微信公众账号，如同雨后的春笋一般层出不穷。

微信既不是手机网页，也不完全等同于 App Store，但是它却创造了一种与众不同的移动服务形态。其实，不管是 App Store，还是微信，从本质上来说，它们的价值都是为用户提供服务。对于用户来说，为自己提供服务的产品究竟是什么样的形态无关紧要，重要的是，自己需要的服务能够方便、简单地获取，所以，微信作为类 App Store 才会广受欢迎。之前，人们可能需要在手机里下载好几十个应用程序，既杂乱又占据了大量本就紧缺的手机空间。而现在，只要关注微信公众账号，一切服务都手到擒来。而且，微信相比 App Store 还有另一个好处，那就是，当用户不需要的时候，它们就悄无声息地躺在通讯录里，既不会打扰你，能够让你"眼不见心不烦"，也不会占用任何资源。

当然，微信与 App Store 之间存在着很大的区别，比如，微信没有排名，没有推荐，也没有分类，但是在真正的 App Store 里，这些都是主要的模块。这一点也决定了微信作为应用商店有着与 App Store 截然不同的运营方式。比如，航空公司、银行、媒体、电子商务企业可以把自己的微信公众平台打造成一个简单的客服系统，在为用户提供实用服务的同时，也可以与用户进行交流、沟通，倾听他们的心声，获得他们的反馈，从而继续完善、优化自己的服务。

（1）适合微信的应用类型

不是所有的应用都适合从 App Store 搬到微信上，俗话说，"橘生淮南则为橘，生于淮北则为枳"，有的时候，一些应用在 App Store 会异常火热，但是到了微信上就哑然无声。适合在微信上做的应用，大致可以分为以下两种类型：

①低频次强需求的 App

医院挂号、购买机票、发送快递等，都属于低频次强需求的服务，因为人们并不是每天都需要做这些事情，只是在偶尔生病、出差、需要发快递的时候，才会产生这样的需求。但是，这样的需求一旦产生，就必须去完成，这些事是拖不得的。

为了满足这些需求，专门下载一些 App 是非常不实用的，到了需要的时候再下载，又会耽误时间。而使用微信公众账号却不存在这些问题，当人们需要的时候，只要到"服务号"把它们找出来，就可以即时享受到完善的服务，不需要的时候，它们就会消失在人们的视野里。

②**高频次低需求的 App**

查询天气状况、查询餐馆信息等，属于高频次低需求的服务。人们随时都可能会产生这样的需求，但需求程度并不高，即使不了解这些信息，人们也可以出行、吃饭，不会有太大的影响。这一类的应用也可以以微信为平台，当人们需要的时候，就通过相关的微信公众账号来进行查询，获取需要的信息。

（2）微信应用商店的优势

不管是刚起步的小创业公司，还是已经成熟的大型公司，微信作为类 App Store 的存在对它们都是一个福音。因为微信为它们提供了 App Store 之外的另一种选择。作为微型应用商店，微信有很多独特的优势：

①**技术门槛低，开发成本低**

开发一个应用，不但需要相应的技术支持，而且需要很多环节，每个环节都会耗费大量的人力、物力和时间，开发成本是巨大的。并且，如果一个企业开发了一种应用，为了获得更多的用户，还需要把这个应用分别投入苹果的 App Store 和 android 的应用市场上，而苹果的 ios 系统与 android 系统是完全不同的两个系统，开发者就需要进行两套完全不同的前端设计、开发和推广运营，这也为很多企业带来了难题。

微信则可以帮助企业解决这些难题，企业只需要把精力和时间投入内容及后期推广中就可以了。如果说开发一个应用就好像盖房子，需要打地基、砌墙、刷水泥、埋电线……那么运营微信公众账号就是买了一间已经精装修过的房间，企业只需要简单收拾一下，就可以住得非常舒服了。

②能够更迅速地进行更新换代

作为应用程序来说，更新换代的途径是发布新的版本，而要发布新版本，就必须向 App Store 提交申请，等待 App Store 的审核，等到版本通过，可能两个星期就过去了，新版本也成了老版本，消耗的大量时间成本是无法弥补的。在微信公众平台中，企业在后台进行更改，马上就会显示到前端，可以更迅速地进行更新换代。

③操作简单，更容易聚集用户

对普通用户来说，从 App Store 下载一个应用，既耗费流量又耗费时间，并不是一件简单的事情。而关注微信公众账号则很简单，只要拿起手机拍一个"二维码"或查找下公众账号，就可以完成"关注"的过程。操作起来是如此快捷、简便，用户当然更倾向于选择微信这种服务方式。

当然，微信作为微型应用商店最大的优势还在于，它拥有 6 亿用户。有了这个庞大的用户基础，企业在运营微信公众账号的时候，就如同站在了"巨人的肩膀"上，有了更广阔的空间、更大的机会。

3. 公众账号：全新的营销渠道

如今，微信公众账号已经越来越受到营销者的重视。以前，大部分企业都把网络营销的重点放在网站、官方微博上；而现在，一些嗅觉敏锐的企业，已经把注意力转移到微信公众账号上了。

微信公众账号为营销人员提供了一个全新的营销渠道。利用微信公众账号，营销人员可以展开一对多的营销，可以与用户进行互动沟通，也可以得到用户的意见、反馈。这使得网络营销中最令人头疼的传播模式的问题得到了有效的解决，营销渠道也因此变得更加丰富、多元化。

作为一个全新的营销渠道，微信公众账号的优势在于以下几个方面：

（1）拥有庞大的潜在客户

如今，微信的用户数量已经达到了 6 亿，而且这个数字还在以飞快的速度增长。未来，微信的用户群体还会越来越壮大。在这6亿用户背后，隐藏的是一个广阔的营销市场。很多企业和个人正是看中了这个庞大的潜在客户群，才入驻微信，进行公众账号的运营。

（2）降低了营销成本

传统的营销需要很高的成本，无论是在公交车站张贴海报，还是在杂志、报纸、电视台投放广告都需要高额的费用，需要投入很多人力、物力。然而，运营微信公众账号却几乎是免费的。比如，利用微信公众平台来推送消息是不收费的。那么，通过微信公众账号开展的各种营销活动，成本当然也是非常低的。

（3）营销定位更加精准

微信公众账号可以通过地域控制、行为偏好等多种方式来对用户进行分类，然后针对不同的用户分类及用户的不同特点推送不同的信息，这样，传递到用户客户端的信息就会更加精准，从而达到更有效的营销效果。

（4）营销方式更加多元化、更有趣

传统的营销方式相对比较单一，而且具有重复性，因此，对用户来说，比较枯燥、乏味，接受度不高。而微信公众账号则不同，它不但可以推送文字信息，也可以推送语音信息；不但可以单向地发布信息，也可以与用户进行双向的互动；不但可以一对多地进行沟通，也可以一对一地互动……营销方式更加多元化，而且也更有趣，会得到用户更多的关注。

（5）营销方式以人为本

微信公众账号的存在，是为了更好地服务于用户，而不是为了骚扰用户。因此，公众账号的设置更加人性化，比如，是否接收某个微信公众账号的信息，主动权掌握在用户手中，用户随时都可以取消打扰了自己或是自己不感兴趣的公众账号的关注。而且，用户还可以自由地选择自己想了解的内容，比如，回复某个关键词，就能收到微信公众账号发来的相关信息。

微信公众账号的商业价值还体现在，它是一个去中心化的平台。在这个平台上，没有焦点，所有人都平等地参与其中，每个人都可以发布自己的信息，每个人都可以构建起一个属于自己的"圈子"。当人们对明星、对焦点人物的关注与仰望变成了微信里的直接互动之后，去中心化也就成了一种必然的趋势。无论是企业、媒体、政府机构还是个人，无论品牌大小、知名度大小，都可以在同一个平台上展现自己。只要你有独特的价值，你就会被关注，就可以获得无数粉丝。在这个平台上，营销成为一件人人可以为之、只要用心就能做好的事情。

4. 朋友圈：亟待挖掘的 SNS 营销金矿

20 世纪 70 年代，哈佛大学的一位心理学教授创建了"六度分割"理论："你与这个世界上任何一个陌生人之间所间隔的人不会超过六个，也就是说，最多通过六个人，你就能够与任何一个陌生人产生联系。"按照这个理论，每个人的社交圈都是在不断地扩大的，所有的社交圈交织起来，就会成为一个大型网络。微信之类的 SNS 社交网站的兴起，正源于此。

SNS，也就是社会性网络服务，人们不断地通过"熟人的熟人"来进行网络社交拓展，扩大自己的交际圈。而 SNS 营销，则是伴随着网络社区化而产生的一种新型的营销模式。这种营销模式能够对某种产品或服务进行病毒式宣传，让更多的人了解并购买它们。

SNS 营销在如今的互联网上并不少见，微博上你或许经常会看到好友转发的店铺链接，QQ 上也时不时会有人给你发来产品介绍、向你推荐某种产品……这都属于 SNS 营销的范畴。微信朋友圈也蕴藏着 SNS 营销的巨大商机，并且从某种程度上来说，与微博、淘宝、QQ 相比，它有着更大的优势。

（1）沟通体系是单向的

微信朋友圈采用的是单向沟通的模式，在朋友圈里，如果相互之间不是好友，就看不到别人的留言，不像微博或淘宝上的评价，所有人都能看到。这种不透明的单向沟通体系，能够确保用户的隐私，使人们在做出购买行为的时候没有后顾之忧。

（2）交流更加方便，可以无缝切换到私聊模式

微信是一个综合性的即时通信工具，人们可以无缝切换到私聊模式，比点击网页激活淘宝旺旺或发送微博私信要方便得多。

（3）人店合一，有利于客户的积累

微信朋友圈是人店合一的，营销者不但可以在朋友圈推销自己的产品，也可以分享自己的生活。这样，好友们感受到的，是一个真实的人，而不是一个只以推销产品为目的的冷冰冰的"推销机器"，兴趣与信任就会自然而然地产生，经营时间长了，客户当然也会越来越多。

（4）基于情感的营销，更容易成功

朋友圈里的好友关系是一种基于感情和互信的强关系，好友之所以会在这里做出购买行为，是因为朋友间的信任。这实际上是一种情感营销，不但成功率更高，而且还会带来更高的黏度和竞争壁垒。

SNS营销，从本质上来说，就是人的营销，首先应该把"人"推销出去，让大家对你这个活生生的"人"产生好感与信任。有了这个基础，人们自然会关注你的产品，购买你的产品。而微信朋友圈，是构建这种信任关系的一个非常有效的平台。从这个角度来说，朋友圈是一个不折不扣的、亟待挖掘的SNS营销金矿。

5. 闭环O2O：从线上到线下

在互联网社会,我们经常会听到人们说起O2O。所谓"O2O"，指的是"Online To Offline"（在线到离线/线上到线下），线下的企业与互联网结合起来，把线下交易搬到互联网上，让互联网成为营销的前台。这样一来，线下的服务就可以在线上进行宣传、推广、营销，消费者可以在线上来筛选产品或服务，完成购买行为。

而闭环则是 O2O 平台的一个最基本的属性，它指的是，两个 "O" 之间必须实现对接、循环。线上的宣传、推广、营销，需要达到的目标是把大量的用户引到线下去进行消费、体验，完成购买、成交的过程。而线下的体验、交易还需要再返回到线上去——用户在线上对自己购买的产品、享受到的服务进行反馈。只有实现了这样一个从线上到线下，又从线下到线上的完整过程，才算是实现了闭环。

在生活服务领域，闭环 O2O 是非常重要的，但也是非常难以实现的。因为用户的行为不能像在那些电子商务网站购物一样全都在线上一端完成，而是被分割成线上、线下两个部分，用户可能会在线下进行了体验，但没有到线上进行反馈，也可能由于线上的推广而对某种产品产生了浓厚的兴趣，却由于种种原因没有到线下去购买。从平台的角度而言，如果不能记录用户的全部行为，或者缺失了其中的某一部分，那么平台的价值就会被极大地削弱。

而微信中的二维码扫描，却可以有效地实现 O2O 的闭环，尤其是生活服务领域的 O2O 闭环：企业向用户提供虚拟会员卡、优惠券，用户只要用微信来扫描二维码就可以获得并在线下使用，使用后，用户还可以在线上进行评论、评价，获得积分、折扣或其他优惠，通过这样的循环，闭环 O2O 就得以形成。虚拟会员卡、优惠券是微信 O2O 最为常用的一种方式。除此之外，预订、客服等功能，也是闭环 O2O 的一种重要的实现方式，比如用户可以通过微信来与企业进行交流，提出意见、反馈信息。

在生活中，如果人们到一家餐馆吃饭，发现扫描二维码关注这家餐馆的微信，就可以获得九折优惠，那么大多数人的选择都会是拿出手机、打开微信。由此可见，微信 O2O 具有不可估量的市场潜能，未来，会成为线上、线下融合的一种核心工具。

第四节 微信的商业模式

1.CRM 平台

微信团队曾声明过：微信不是一个营销工具，它提供的是客户服务。的确，微信拥有的一对一私密交互、沟通方式多元化等特点，使它可以称为一个绝佳的 CRM 平台。

CRM，也就是客户关系管理，它的主要含义是采用先进的信息与通信技术，对客户的信息进行搜集、分析，了解客户的需求、偏好及行为模式，为客户提供更完善的服务，从而提高客户的满意度、忠诚度。CRM 强调的是一切以客户为中心，企业的经营行为和业务流程都要围绕着客户来展开。

传统的 CRM 主要是通过展会活动、客户信息登记，以及从其他途径购买客户资料等方式来获取客户信息，然后通过上门拜访、打电话、发邮件等方式来与客户取得联系。这样一来，就需要安排很多人去拓展客户资料获取途径，在电脑前盯着客户提交了什么需求或提出了什么意见。这需要耗费大量的短信费、邮件推送服务器维护费等，成本非常高。不仅如此，因为客户往往把企业打电话、发邮件之类的行为定义为"骚扰"。所以，通过这些途径，企业通常很难获得良好的反馈，也无法达到客户服务的效果。

而微信作为 CRM 平台，却天然具备了一种"口碑传播"的优势。微信的订阅和推送模式，能够将产品信息大量地、快速地、准确地推送到客户的手机中。而如果某个客户发现这种产品使用体验非常好，就会把这个信息分享给朋友圈里的其他好友。如此，一传十、十传百，将给企业带来巨大的客户量。这样的传播从本质上来说，是一种病毒式营销，而实现这种营销方式的基础，就是微信的"口碑传播"优势。

从另一个角度来说，传统的CRM是相对静止的，通常是把通过各种途径获取来的客户资料加以整理，然后对他们进行持续跟踪，比如通过邮件、短信、电话等方式来发送促销活动、优惠信息。在这个相对静止的系统里，每一个客户就等同于一条记录，而这个客户到底是谁、具有什么样的特点、有什么样的购买喜好、对企业所提供的服务是否满意……没有人知道。微信则不同，它可以在企业与客户之间搭建起一个沟通的桥梁，让企业可以直接推送信息给客户，而客户也可以直接与企业进行对话，反馈自己的意见、想法、建议。通过这样的互动，企业能够了解到客户更多、更具体、更详细的信息，从而通过销售、市场推广，以及产品服务的改善等多种方法来吸引更多的目标客户群。

如今，已经有很多企业利用微信进行客户关系管理，比如如家酒店。

通过如家酒店的微信公众账号，客户可以绑定会员、进行会员注册，还可以回复数字来选择查询酒店、查询订单、查询积分、获取优惠券等服务。点击"如家无线"，客户还可以进入"酒店预订"界面，根据自己所在的商圈、行政区来选择合适的酒店。通过微信，客户与酒店之间可以直接进行对话，既方便又快捷。

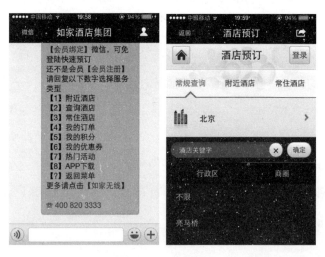

如何发挥微信这个 CRM 平台的价值，是需要深入思考的一个问题。在营销过程中，主要遵循以下几个原则：

（1）与微信进行匹配、对接

企业 CRM 的业务内容、流程要与微信 CRM 平台匹配、对接起来，只有这样，才能达到事半功倍的效果。如果大脚穿小鞋，或者小脚穿大鞋，最后的结果肯定是既受罪，又浪费了一个非常优秀的平台。要提高匹配度，首先企业应该对自己的业务、对客户有充分的了解与认知。知道自己能够为客户提供什么，知道客户更希望得到什么，然后再通过微信这个 CRM 平台来与客户沟通、服务客户，从而获得更多的客户。

（2）必须有配套的 IT 系统

如果企业具有很高的品牌知名度，或者能够为客户提供好的产品、好的服务，那么，通过微信 CRM 平台获得大量的客户就不是一件难事。但难的是，怎样利用这些客户数据。而一套成熟的、完善的 IT 系统，可以轻松地解决这个问题。它能够帮助企业更深入更精确地挖掘客户信息、应用客户数据，比如区分哪些客户是新客户、哪些客户是潜在客户、哪些客户是老客户，新客户是通过什么途径了解这个品牌的，针对不同的客户应该制定什么样的营销策略等。

（3）增加微信 CRM 的吸引力

吸引更多客户的方法是多种多样的，比如在餐馆里投放大量的宣传单、在电商网站包装袋上打上二维码等。但是，大部分用户都不会轻易关注一个微信公众账号。这就需要企业增加微信 CRM 的吸引力，给客户一定的"诱惑"，比如添加关注获得丰厚礼品、粉丝特权等。

2. 社会化服务平台

如今，微信已经不只是一个综合性的即时通信工具，而是逐渐演变成为以移动互联网为依托的社会化服务平台。

作为一种社会化关系网络，微信可以帮助人们把自己的关系导入微信，在微信上使用社会化的服务。有互动的地方就有服务，有服务就有商机。很多人正是认识到了这一点，才借助微信这个社会化服务平台，寻找到了商业化的巨大机遇。

通过微信这个社会化服务平台，去中心化的社会化协作更容易实现，并且发挥着越来越大的价值。杭州微车队，就是一个鲜明的例子。

杭州微车队成立于2012年3月，这是一个拥有一百多个成员的微信群，群里的人全都是杭州的出租车司机，他们虽然属于不同的出租车公司，却愿意彼此分享信息。在他们的出租车上，智能手机、充电器、耳机是必不可少的"三大件"。他们通过微信来为乘客提供"叫车"服务，还会用微信来调配车辆。

杭州微信车队是一个以微信为纽带、自发形成的民间组织，他们不属于任何商业机构，所有的行为都依靠车队自身的协作、分工与调配。为了达到更有效的合作，提高服务质量和效率，他们对车队的成员有着严格的要求。比如，加入车队的司机必须能熟练地使用微信，要热爱互联网，愿意接受新事物。每个成员都要经历为期3个月的"实习期"，在这段时间里，如果遭到了乘客的投诉，就会被"开除"。在分配乘客的时候，每个人都必须服从组织的调配，要充分为微车队的品牌着想。不管距离远近，只要接受了乘客的预订，就必须履行自己的职责。

微车队的管理是通过微信来进行的，队长们把队员们分成了白班组、晚班组、统班组等多个小组，每位队长要对队员们负责，对他们进行协调、分配、服务监督等。如果有了活，队长就会给队员们群发信息，通知大家乘客所在的位置和用车时间，司机们如果有时间接活，就会回复信息。第一个回复的司机将成功地接到单子，然后，队长再群发消息告诉大家，已经有人接单，其他人可以等待下一次机会。

通过微信这个社会化服务平台，他们实现了高效的社会化协作。微信带给他们的还有收益的大幅提高：自从加入了这个微信群，司机们的整体月收入提高了20%以上，一些司机月收入甚至提升了50%以上。

不仅是个人、企业认识到了微信这个社会化服务平台的价值，就连很多政府部门，也注意到了微信在日常生活中发挥的作用。比如，北京交通管理局就推出了官方微信账号"北京交警"，每天群发实时路况信息、车辆保养小知识等，市民们还可以通过这个微信公众账号查询机动车违法信息、查询驾驶人违法信息、预约验车等。

未来，如果微信能够给公众账号添加更丰富的媒体形态，社会化服务平台的属性将会更加明显，这种商业模式也会得到更大的发挥空间。

3. 物联网的重新定义

被誉为"微信之父"的张小龙曾经这样描述微信的未来：最终，物联网会到来，微信不只连接人，还能够连接能上网的机器，每个机器都会有一个二维码作为设备ID，在微信里，人可以通过与设备对话来控制设备。

什么是物联网？简单来说，物联网就是物物相连的互联网。从本质上来说，物联网仍然以互联网为核心，是在互联网基础上延伸、拓展出来的一种网络形式。互联网是人与人之间的连接，而物联网则把"人"的概念扩展到了"物"，使物与物之间，也能进行信息交换和通信。物联网不只是一种网络，更是业务和应用的综合体。

互联网把身处世界各个角落的几十亿人联系在了一起，使"天涯若比邻"，物联网却能够把更多的物体联系起来。在物联网时代，不管是人，还是物，都会有一个二维码作为自己的专属ID，不但人与人之间可以交流，人与物、物与物之间也可以沟通，人甚至可以直接向物发出命令。

而微信，就是打开物联网时代的一把钥匙。凭借着"二维码"，人们就可以连接全世界、操控全世界。

这不只是一种想象，有些人已经率先成了"第一个吃螃蟹的人"。

"印美图"是一个完全基于微信平台，利用云打印技术和二维码识别，使用微信公众号进行自助图片打印的服务。

在"印美图"的自助印终端前，只要你拿出手机扫描上面的二维码并添加关注，发送照片给这个公众账号，并输入屏幕上显示的微信验证码，自助印终端就会在30秒内接收到照片，并打印出一张漂亮的LOMO照片。

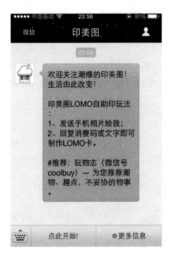

通过这个自助印终端，手机马上就会摇身一变成为一部拍立得相机，而这个终端则像是一个"暗房"，帮人们用很短的时间把"底片"冲洗成照片。

"印美图"研发团队原本是想通过App来让客户上传图片并与终端交互，实现自助打印照片。但是，让人们专门下载一个以前从未了解过的App的门槛很高，需要很大的推广成本，这是创业团队无法承受的。而利用微信，一切难题都可以迎刃而解：客户不但不需要下载额外的软件，而且微信还能适应各种各样的场合，同时，微信"查找附近的人"提供了基于地理位置服务的导引服务，客户在需要的时候可以轻松地找到身边的自助印终端。

不仅小的创业团队发现了微信在物联网方面的价值，一些大品牌也嗅到了其中的商机。比如，海尔将自己的智能家居设备与微信进行联动，客户可以通过微信来控制家电，只要发一条微信，就可以打开、关闭空调，还可以自由调节空调的温度。

未来，我们可能会时常经历这样的场景：

当你在外面逛街的时候，突然想起昨天换下来的衣服被随手扔进了洗衣机里，却忘了洗。于是，你打开手机，给你的洗衣机发送了一条微信："开始洗衣服。"这时，接到指令的洗衣机就开始工作起来，等你回家的时候，只要把烘干的衣服拿出来叠好就可以了。

你到了一个陌生的城市，需要租一辆汽车。这时，你来到了一家自助汽车出租店，你选择了一辆心仪的汽车，然后拿起手机用微信扫描了它的二维码，这辆车就会自动解锁，你可以开着它去你想去的任何一个地方。

你和朋友到一家餐馆吃饭，落座之后，你可以扫描桌子上的二维码，添加这家餐馆为好友。很快，公众账号就会为你发送这家餐馆的介绍，比如有什么特色菜、优惠活动等。你翻阅微信上的菜谱，选择几道想吃的菜，发送给公众账号，没过多久，热腾腾的菜就会端上桌子。

在物联网时代，微信将会成为人与物之间进行对话、互动的"遥控器"，人不但能够控制"物"，而且还在与"物"背后的企业进行互动。在这个过程中，客户可以完成对某个产品的使用调研，企业只要通过微信，就可以获取大量有价值的客户信息，然后对产品进行改善、优化，设计出令客户更满意的产品。

微信和物联网的结合绝不仅限于此，从某种程度来说，微信重新定义了物联网，正如张小龙所说：微信所呈现的互联形态，不是复制超链接（hyperlink），而是创造连接真实关系，连接所有物件，包括成为人机交互界面的微链（weilink）。在未来那个全新的时代，微信有可能会成为人们"操控世界"的遥控器。

4. 移动电商平台

移动电商时代已经到来，而微信必将成为这个时代最引人注目的一个平台。就像"打败微软的不一定是另一个做计算机操作系统的企业"，能打败淘宝的也未必是另一个电子商务网站。现在，微信向移动电商领域的逐渐渗透，一定让淘宝感受到了危机。

电商网站为抢夺客户而展开的商战早已不鲜见，"双11""双12"促销，淘宝、京东、苏宁纷纷使出了浑身解数，只为博得客户的青睐。然而，伴随着移动互联网时代的到来，它们恍然间发现：一个强大的对手正在崛起。

作为如今市场上最风靡、最为成功的移动产品，6亿的客户数量，以及将近3亿的月度活跃客户，使微信拥有了向任何一个领域扩展的实力。电商领域当然也不例外，就是把微信月度活跃客户中的1/10转化为电商客户，也足以令电商格局产生颠覆性的改变。

而且，微信向移动电商平台转型，具有先天的优势。比如，微信集社交、娱乐、移动、商务四大功能于一体，为"移动支付"培育了肥沃的土壤。而在移动电商领域，谁掌握了移动支付的入口，谁就掌握了市场。如今，微信已经成为最大的移动互联网入口，它在移动支付市场上所占据的比重也越来越大，其潜力不可估量。除此之外，微信所提供的基于地理位置的服务、好友之间的互相推荐、二维码扫描等，也使它具有了与其他电商网站相比更为有利的优势，使它更接近客户，更容易俘获客户的心。

在传统互联网时代，电子商务处于寡头垄断的状态，各家网站之间比拼的，是规模效应。那些规模较小的、弱的网站则只能在生存线上苦苦挣扎，连参与市场竞争的资格都无法取得。而微信却给这些小网站带来一线生机，为这些弱小的市场参与者带来坚实的客户基础与精准推送，使他们找到与规模化效应、统一模式相抗衡的独特方式，找到生存、发展乃至壮大的空间。

更令传统电商网站胆战心惊的是，未来，移动支付功能与优惠券、移动电商相结合，恰好能够构成一个"闭环"。客户来了、挑选了、购买了、走了、又来了……所有的交易流程都可以在公众账号内完成。社交流、资金流、信息流、物流也因此实现四流合一。到那时，微信恐怕就会成为移动电商领域的主导，而传统互联网时代的霸者们，则很难从中分一杯羹。

当然，微信电商虽然前景无限美好，但实际上，还有一段漫长的道路要走。摆在微信面前的，有两座必须要翻越的"大山"：

第一，微信客户消费习惯的养成。在如今的移动客户端，虽然产品体系、服务模式，以及与客户的交流、互动方式与之前相比已经有了天翻地覆的变化，但仍然与消费者在传统互联网时代所形成的那种根深蒂固的消费方式、消费流程有着巨大的差别。要想让消费者适应一种全新的消费方式，并不是一件轻而易举的事情。微信必须要耗费大量的时间和成本，来帮助客户养成在微信中购物的全新消费习惯。

第二，购物生态的打造。阿里巴巴、京东等传统电商巨头，投入了数十年的时间才打造了一个成熟的商家管理体系、供应链管理体系、产品供应与管理体系、服务质量监督体系、信用评价体系、支付体系、数据搜集与分析体系、营销体系等，才形成了如今商家、客户都已习惯的购物生态。事实证明，要打造购物生态需要花费的不只人力、物力、财力，更需要时间。但是，移动电商时代，无论是企业，还是产品，更新速度都是飞快的。过去，微博很火，人人都在谈论微博上的话题。然而，不过一两年的时间，微博就被微信取代了。现在，微信很火，可谁也不知道，会不会马上就有另一种平台将微信取而代之。微信要想构建购物生态，必须与时间赛跑，争取到的时间越多，胜算越大。

没有什么比改变消费者已经根深蒂固的、固有的消费方式和消费习惯更困难的事情了，因为大多数人都是不喜欢面对变化的。但这又是微信必须面对的问题，是必须要克服的挑战。

而从商家的角度来说，如何利用微信这个移动电商平台，也是一个需要不断探索的问题。毕竟，微信电商现在刚刚起步，没有现成的模子可以套用，人人都在"摸着石头过河"。不过，根据微信的特点，微信电商的运营可以从以下几个方面入手：

（1）定位越精准越好，满足用户的个性化需求

移动互联网与传统互联网相比，最大的一个区别就在于，更重视"个人"的因素，而不是流量。因此，在移动互联网时代，能够获得成功的企业，一定是那些重视消费者个性化需求、能满足他们个性化需求的企业。要实现这一点，就必须做到客户群的精准定位。定位越精准，越能对客户的需求进行无限细分，越能根据客户的偏好来为他们提供产品或服务，就越能获得客户的青睐。

（2）以客户为中心，培养客户忠诚度

在微信上购物有先天限制，相比电脑的大屏幕，手机屏幕很小，这使得客户在手机上进行消费的时候很难像在电脑上一样，去详细了解产品的具体信息、查看图片，也很难在各个商家之间自由地切换，从而对产品的质量、价格、服务进行比较。这就决定了，客户在微信电商上的购物行为通常是基于信任这一基础的。

因此，微信电商要想获得更多的客户，就必须以客户为中心，产品质量与

服务一定要跟上，才能一步步地提高客户的信任度与忠诚度。很多商家最容易犯的一个错误是，总期望交易能够获得爆炸性的增长，但销量真的上来了，产品质量反而打折了，服务也没法跟进，结果，历尽千辛万苦建立起来的信任关系瞬间就瓦解了。无论是拓展业务，还是扩大规模，微信电商都应该估量一下自己的实力，看看是否能够支撑得住。毕竟，抓住客户、服务好客户才是立足之本，不能本末倒置。

5. 区域化、垂直化搜索

电子商务之所以能够日渐兴盛，从本质上来说，是因为它能够更深入地挖掘消费者的现实需求及潜在需求。尤其是在这个"消费者主权时代"，消费者已经不再被动消费，而是更倾向于主动消费，能够引起他们消费冲动的，除了高质量的产品、服务，还有好的客户体验。在微信上搜索信息的时候，这一点也会得到鲜明的体现。

如今，客户在搜索的时候主要表现出以下两种倾向：

（1）区域化

对于客户来说，消费的便利性非常重要，一个住在北京市海淀区的客户，通常不会选择到大兴区的某家餐馆吃饭。因此，他们在微信上搜索商家的时候，会更关注城市区域化信息。越是在大城市，这种区域细分化的趋势就越明显。比如，在北京，只把信息按照海淀区、朝阳区、丰台区、西城区等大区来划分是远远不够的，还应该往下细分，细分到某个街道，甚至某个小区。区域细化使客户能够到距离自己所在位置更近的地方消费，既方便又省钱，而且会得到更好的消费体验，因此二次消费率也会大幅度提高。

（2）垂直化

客户还倾向于垂直化的信息搜索，因为这样他们能够得到更专业、更精准的服务。比如，如果一个客户想要团购化妆品，她可能不会到百度糯米这样的综合性团购网站，而是会选择聚美优品这种化妆品垂直化团购网站。而从企业的角度来说，使自己变得更加垂直化，会使其对客户群的定位更为精准，也就能根据客户的需求来为他们提供更优质、更贴心的服务。

对于微信上的信息而言，区域化、垂直化搜索已经成为一种不可阻挡的趋势。现在，已经有很多微信公众账号把握住了这种趋势。

"出门问问"是一个为客户提供线下生活信息搜索的公众账号。客户可以用文字或语音来发送自己的位置、信息，"出门问问"会自动分析客户的意图、需求，按照区域给出精准的搜索结果。比如，当你开车到某个地方，车子突然快没油了，你就可以通过"出门问问"找到距离你最近的加油站。你出差到某个城市的时候，可以通过"出门问问"找到你所在区域里备受好评的餐馆。当你到了一个陌生的地方，发现囊中羞涩需要取钱，也可以通过"出门问问"来寻找最近的银行。"出门问问"的实用性和互动性都非常强，并且把握住了人们在移动搜索时"简单输入""精准输出"的需求。

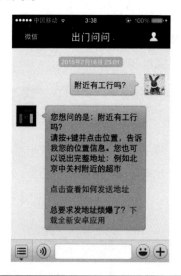

区域化、垂直化搜索中蕴藏着巨大的商业价值。在信息爆炸的社会里，人

们所获取的信息总是非常盲目、杂乱的。因此谁能够让客户以最少的点击、最省力的方式，获得最多的、最准确的且最有用的信息，谁就能获得客户的青睐。

6. 个性化增值服务

2013年，腾讯公司董事长马化腾曾经表示，微信的商业模式会交给个人和合作伙伴："最近在手机上有一些好的应用，打车、微信卖书、网络小说、自媒体等，微信成为从平台连接内容制造者和终端客户的桥梁。这些都是微信之前没有想到过的商业模式，是由客户自己创造出来的。因此，微信的商业模式会交给合作伙伴和个人。"

而个性化增值产品或服务，正是如今在微信上越来越流行的一种商业模式。

微信有一个独特的功能——插件。人们可以在微信上自由地安装各种各样的插件，拓展微信的附加功能，比如添加新闻阅读、社交娱乐、搜索查询等功能，从而打造出一个独一无二的个性化微信。这样一来，微信就能够跳出即时通信工具的局限，拥有更为广阔的应用空间。而且，安装插件并不需要单独下载这些应用，只要在微信上点击一个按钮即可。安装插件以后，微信应用的大小也不会改变。基于这两点，对于客户来说，安装插件并不是一个困难的决定。

在这个追求个性化的社会，每个客户都希望自己是与众不同的，因此，他们对于微信的需求也是五花八门、各不相同的。在这些个性化需求里，蕴含的正是无限的创业机会。谁能为客户提供更具个性化的增值产品和服务，谁就能赚得盆满钵盈。

在个性化增值产品与服务方面，已经有不少成功案例了。

案例一：微信变声器

语音聊天虽然为微信客户提供了便利，但是久而久之，就会有一些客户对自己一成不变的声音感到厌烦，希望能得到一些更有趣的体验。于是，微信变声器应运而生。微信变声器是一款集变声、录音和音效播放于一身的搞怪变声应用。它可以把客户的声音处理成各种动物或是鬼怪等的声音，也可以帮助客户发送变声视频（比如男声变女声、女声变萝莉、女声变男声、男声变大叔等），同时还支持保存变声下次发送，支持微信好友、微信朋友圈、QQ、邮件分享。这款应用不但操作简单、功能强大，而且还能自定义音效，满足客户DIY声音的需求。只要添加了这个应用，就可以用丰富多变的声音让微信语音聊天变得更有意思。

案例二：伪装微信地理位置

微信可以"查找附近的人"，这个功能是基于地理位置服务的。也就是说，它为客户查找到的人都是与自己所在位置相距不远的人。但如果客户想查找某个特定位置附近的人，通过"查找附近的人"就无法实现了。这时，客户可以安装一个"伪装微信地理位置"的插件，这个插件可以修改客户所在的地理位置信息，客户可以把地图上任何一个地方设置成自己的微信所在位置。这样，查找他人就不会再受到地理区域的限制。

案例三：微信表情大全

很多人在微信聊天的时候喜欢使用表情，这样可以使聊天形式更加丰富多彩，但微信自带的表情是有限的，时间一长，客户也会厌倦。一些企业就看到了客户表情需求背后蕴藏的商机，开发出了各种各样的表情插件，在微信上曾经风靡一时的"表情大全"就是其中的佼佼者。安装了这个插件之后，客户就可以用动态的表情来更好地表达自己的情感。"表情大全"插件的使用也非常简单，客户打开这个应用之后，就可以浏览到"最近""蛋蛋""证书""细哥"等多个表情分类，而且还可以通过应用在导航条最右侧的"更多"功能里继续添加更多的微信表情。

除了以上的几种方式，模板、皮肤、数据分析、动态头像、视频编辑等都是个性化增值服务的主要方向。其实，无论是企业还是创业者，只要能够把握住客户的某一个细分的小需求，针对这个需求进行深入的研究、分析，为客户

提供更能满足他们需求、使他们能产生更深的使用依赖度的产品或服务，就能在一片红海之中开辟出一片属于自己的广阔天地。

7. 第三方应用平台

微信之所以具备成为第三方应用平台的潜质，是因为微信拥有一个开放平台。微信开放平台是为第三方移动应用提供接口，使客户能够把第三方应用的内容发送给好友或分享到朋友圈的一个平台。通过这个平台，第三方内容就可以在微信中得到广泛传播。

微信开放平台可以被理解为一个庞大的生态系统，它能够接纳各种各样的应用、数据，汇集丰富多彩的第三方内容，客户只要通过简单的操作，就能分享内容、传递信息。因此，微信开放平台能起到促进客户分享和活跃的作用。

自从微信开放平台正式向外界开放了 App ID 注册以后，无数开发者就纷纷参与到与微信对接的第三方应用的研发之中。只用了不到两个星期的时间，在微信开放平台上注册的第三方开发者账号就已经超过了一万个，提交审核应用申请上百个，其中不乏搜狗输入板、优酷、蘑菇街、金山电池医生、街旁等已经拥有一定客户基础的知名应用。这也恰好证明了，微信作为应用开放平台的巨大潜力。

当然，微信作为应用开放平台，并不能为所有的应用提供发展的土壤。适合与微信对接的应用主要有以下几种类型：

（1）提供路况服务的第三方应用

微信本身就是基于地理位置服务的工具，提供路况服务的应用与微信可谓"天作之合"。现在，基于路况的产品层出不穷，比如针对市内交通的路况电台、导航犬、哪儿堵等应用已经拥有了一定的知名度，也获得了不少下载量。在微信中开发类似的应用，可以利用微信的庞大客户基础进行推广和抢夺客户，从而获得更多的忠实粉丝。

（2）与支付相关的第三方应用

如今，很多客户已经养成了手机支付的消费习惯，对于手机支付的需求也越来越大。而微信则为手机支付提供了极大的便利。

"卡小二"就是一款不需要外设刷卡器，直接利用微信进行信用卡还款的第三方应用。客户打开微信之后，只要添加"卡小二"的微信公众账号，按照它推送的信息进行操作，提交相关信息和通过中国银联语音支付用电话安全核实以后，就可以给信用卡还款。现在，"卡小二"提供的服务有两种，一是同名信用卡还款，二是基于信用卡的优惠查询服务。

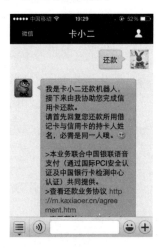

作为微信第三方应用的先行者，"卡小二"的计划是利用微信平台积累用户数量、积攒人气，然后再根据客户的反馈来决定是否把相应的异名还款功能、信用卡账单查询功能集成到微信上来。等到各项服务完善之后，才考虑赢利，比如，对所提供的服务收取一定的服务费。

（3）提供外卖服务的第三方应用

随着生活水平的提高，人们对于"吃"越来越关注。这一点从《舌尖上的中国》等美食节目的爆红可见一斑。然而，对于上班族来说，要吃得好，却不是一件容易的事。一到中午，就会发生想叫外卖却找不到外卖单的情况，令上班族们苦不堪言。而这恰恰为第三方应用提供了机会，提供外卖服务的第三方应用可以与微信整合起来。这样，客户只要向这些应用发送自己的位置就可以获得周边一千米的外卖商家信息，包括商家的名称、位置、距离等。客户只要回复自己感兴趣的商家名字，就可以获得商家的菜品信息、外卖电话，进行电话订餐。

（4）团购类的第三方应用

团购类的第三方应用与微信一旦结合，就等于如虎添翼，将会给原本已经火热无比的团购市场再添一把火。

腾讯参与投资的高朋网在微信推出的"微团购"就是一个成功案例。

微团购和传统团购模式存在着巨大的区别，在进行传统团购的时候，客户需要先购买团购凭证（卡券），微团购客户则可以省去这一步，只要直接通过微信公众平台确认自己的团购资格，在确定的时间主动到商品供应商处购买商品就可以了。微团购，依托于强大的微信公众平台，具有极大的市场潜力。2012年12月7日，"微团购"刚刚上线，粉丝数就已经达到了一万。现在，微团购的粉丝仍然在以飞快的速度增长着。

微团购的操作方式比传统团购更加简单、快捷：客户在添加"微团购"的公众账号为好友后，通过微团购名片中的"每日团购精选"网页就可以进入团购界面；选定所在城市以后，直接在界面内浏览列表式的团购信息，发现感兴趣的产品之后点击购买；然后直接在界面里通过微信账号身份使用财付通或支付宝进行支付。只需要简单的三个步骤，就完成了团购的购买。

从商业的角度来说，微团购是一个从6亿客户中攫取商机的工具，其蕴含的商机是不可估量的。未来，微团购一定会变得越来越普遍、越来越完整，各种团购类的第三方应用也会越来越多，整个团购格局都有可能会因此而发生改变。

微信开发自己作为第三方应用平台的属性，是一种双赢：以海量客户为基础、精准的客户定位及关系链的深入挖掘，微信所具备的这些特点让第三方开发者看到了依靠微信迅速崛起于移动互联网的光明前景。曾经受制于阿里巴巴、百度的各行各业的创业者们，都可以参与到微信生态链的建设中来，并从中获得不菲的收益。而微信也可以借助这些第三方应用的内容，发展成为一个更强大的、更有客户黏性的移动社交平台。

第五节 为什么应该重视微信营销

1. 突破6亿用户，微信营销的价值有多大

微信的增长速度如同火箭一般：从0到1亿，只用了14个月；从1亿到2亿，只用了6个月的时间；从2亿到3亿，只用了4个月；截至2013年10月，微信的用户数量已经突破了6亿！

这么庞大的用户数量，对于企业营销来说，拥有不可估量的价值。虽然很多人并不看好微信营销，认为微信本身还存在很多缺陷，比如较封闭、开放程

度低、用户需求较碎片化,以及商业兼容性有限等。但不可否认的是,所有的不足,在6亿这个庞大的用户数量面前,都是可以忽略的。

微信之所以能够创造这个奇迹般的数据,得益于开发团队及腾讯高层对于用户心理的把握。腾讯董事长马化腾曾经说过:"如果一款应用不能在5到10秒内吸引住用户,用户就很可能抛弃这个应用。因此,一款产品决胜期可能在一个月之内,如果一个月内不行,后面可能是死路一条。"一款好的产品必须在最短的时间里抓住用户,正是在这种理念的指引下,微信才有了以用户为中心、一切以用户为重的根本原则。

微信的创造者张小龙也始终遵循着"简单即美"的信念,正因如此,微信才会不断根据用户的反馈以最快的速度完善细节、不断创新,从而给用户带来最好的体验。

在移动互联网市场上,正所谓"得用户者得天下",如此惊人的用户数量,使得无数行业、无数企业、无数个人纷纷看中了微信这个"蛋糕",想借着腾讯把它"做大"的东风,从中分一杯羹。

那么,微信营销的价值到底是什么?

(1) 用户的习惯

什么是最难以改变的?是习惯。当人们的某种行为成为根深蒂固的习惯之后,就很难将其改变。当6亿人每天都习惯了使用微信来进行交流、沟通时,微信中所蕴含的能量是巨大的。当6亿人甚至更多的人把微信当成一种生活方式时,微信营销也必然成为营销的一种主流形式。

(2) 用户的传播

微信是基于社交网络而诞生的,而微信的封闭性又决定了微信具有较强的私密性,是一个拥有强需求、高黏性的圈子。以"熟人"为基础的营销是最简单的,同时也是最有效的。有了微信,口口相传有了新的、更便捷的形式,营销也更容易实现病毒式传播,达到更好的效果。

(3)信息的载体

微信是基于移动客户端而开发的,用户无论何时何地都会随身携带着自己的手机,使得信息更具有时效性,也使营销能够随时随地得以进行。

微信营销最大的价值在于,让营销变得简单、可行。通过微信这个平台,哪怕是一个草根网民,也可以建立起一个自媒体进行自我营销。然而,如何才能利用微信营销创造最大的收益?我们不妨借鉴《南方人物周刊》的建议:提供价值,而非吸引眼球,这是微信的态度,也是它能否成功的关键。

2. 微信营销的优势在哪里

微信营销之所以受到人们的青睐,不只是因为它的6亿用户数量。电视、网络媒体同样拥有庞大的受众群体,但利用这些平台进行营销,有时效果远远比不上微信。为什么?究其根源,因为微信拥有其他营销方式所不具备的独特优势:

(1)内容至上

营销离不开内容的推送,推送的内容越精彩,形式越灵活,就越容易引起消费者的注意。电视广告通常要比纸媒广告成本更高,就是因为电视广告的内容更加丰富、多元,而纸媒的内容只能通过文字和图片来体现,相对比较单一。

微信支持文字、语音、图片甚至视频,多元化的传播方式决定了微信营销的内容也会更加有趣、饱满,更吸引用户的注意力。而且,这些内容在用户的手机里是长期存在的,会带给用户持续的刺激。

(2)成本低廉

微信营销属于低成本营销。首先,企业注册微信公众账号是不需要花一分钱的,也没有任何门槛限制。其次,微信公众账号向用户推送信息也将近零成本,只需耗费一定的网络流量而已。因此,从信息发送成本的角度来看,微信营销的成本几乎是可以忽略不计的。

（3）沟通无极限

微信能够实现企业与用户之间的真正对话，沟通全在指尖上完成。企业也不需要再引导用户去下载微信，因为微信已经存在于最广泛的用户的手机中，而且，微信还为用户培养出了使用习惯。便捷的沟通、实时的交流为微信营销打下了牢固的基础。

（4）受众定位准

在营销中有一个非常重要的原则：精准定位。只有精准定位，才能花最少的钱，创造出最大的收益。而要做到这一点，营销者首先应该明确的是，自己面对的是什么受众，他们在哪里？微信可以使这个问题迎刃而解。

微信的受众主要集中于 20~30 岁，以受过良好教育的白领阶层为主。这类受众有着鲜明的消费特点，了解了他们的消费特点，企业就可以根据自身的情况对营销策略进行适当的调整，从而使微信营销更有针对性。

（5）主动推送

传统的营销方式都是被动展示，比如电视广告就是一个典型的代表。企业把广告投放到电视上，却无法决定目标消费群体是否能看到。这些广告只能被动地等待着消费者的关注。通过 QQ、微博等发送推广消息也是一样，企业发布完消息之后，下一步就不再由他们掌控了。至于这条消息会被谁看到、能收到什么样的效果，完全是随机的。

微信却不同。它的订阅与推送模式，决定了微信公众账号可以主动向用户推送各种类型的消息，并且可以实现 100% 的到达率。这是其他平台都无法做到的。

当然，这个世界上并不存在万能工具，即使是拥有这么多优势的微信也无法做到这一点。企业要想充分发挥微信营销的作用，还需要付出很多努力，有漫长的路要走。

第二章

营销，从设计微信公众账号开始

第一节 微信公众账号的四大价值

微信拥有庞大的用户群体，但是，企业、机构怎样才能与数量惊人的微信用户进行连接，从而挖掘用户的价值、为用户创造更好的服务、创造更强的用户黏性？微信公众账号应运而生。

"再小的个体，也有自己的品牌"这是微信公众平台的广告语，也是微信对公众账号的定位：让每一个个体，无论是企业、机构还是个人，都能在这个平台上找到属于自己的位置，传递自己的品牌价值。

现在，在微信公众平台上已经有数不胜数的公众账号，包括教育、航空、银行、基金、金融、保险、运营商、政府、媒体、快递等各行各业。通过这些公众账号，每天都有海量的信息被推送到用户的手机上，为用户提供贴心的服务。

为什么越来越多的个人、企业加入微信公众账号的行列之中？下面我们就来看一下，微信公众账号具有哪些价值。

1. 找到用户，牢牢抓住他

微信公众账号是需要订阅的，只有对某个公众账号感兴趣的用户，才会选择订阅这个账号，而订阅就意味着：用户愿意接受这个账号推送的各类信息，并且也会因为这些信息而做出相应的消费行为。这样一来，企业、机构和个人就能够准确地找到用户，然后通过精彩的、有吸引力的内容来牢牢抓住用户的心。

微信从来都没有像微博那样的"排行榜",在微信上,用户是看不到公众账号的订阅量的,即使是公众账号本身,也不会知道自己的订阅量在所有的公众账号中排名第几。这是因为,对于微信公众账号来说,重要的并不是订户的数量,而是订户的质量。所以,对企业来说,他们也无须花费大量的时间和精力来"刷粉"。只要用心做好内容,为用户提供真正有价值的信息,公众账号就能进入微信用户的视线之中,也只有这样,才能获得用户的忠诚度和活跃度。

从本质上来说,企业虽然希望为用户提供更多的信息,但是归根结底,能够被推送到用户手机上的信息总是有限的。如果只是为了发送内容而推送一些价值不大甚至毫无价值的垃圾信息,反而会给用户带来骚扰,使用户取消对其的关注。与其用过度推送来影响用户,倒不如在自己的领域里精耕细作,用丰富的、有用的信息来抓住用户,将自己的公众账号做到精品化。

2. 为用户提供贴心的服务

用户为什么会关注某个公众账号?最根本的原因在于,这个公众账号能够为用户提供服务。用户不可能只为了每天接收一些无聊的信息而关注一个公众账号。因此,微信公众账号必须能够为用户提供贴心的服务,并用这种服务来使用户对自己形成一种依赖度、信任度。

而贴心的服务,就是在用户需要的时候,招之即来;而在用户不需要的时候,挥之即去。在大多数情况下,用户都希望,当自己有需求产生的时候,能够方便、快捷地找到某个企业、机构,使需求在最短的时间里得到满足。在某些情形下,用户也不会排斥一些企业主动发送过来的信息,只要这些信息恰好是他们所需要的,是有价值的。

从这个角度来说,微信公众账号无所谓大小,而在于服务。哪怕用户一个月甚至半年才会用一次,只要那次用的时候,你所提供的服务令他满意,他就不会从通讯录里将你删除,而是会对你产生依赖。

3. 多向交流

很多人认为微信只是一个双向交流的工具，其实，微信的交流维度绝不仅限于此。通过微信，人们可以展开多向交流。比如，微信公众账号群发消息给所有的用户，这种"一对多"的沟通方式就是多向的。除此之外，"二维码"也是多向交流的一个有效工具。不管是用户还是公众账号，都拥有一个属于自己的二维码，你把二维码发送给别人或打印到海报上、张贴到墙上，别人拿起手机一扫，就能轻松地在微信上找到你，如果对你感兴趣，还会添加你为好友。

4. 引流导流工具

微信公众账号还是一个用途广泛、效果良好的引流导流工具。首先，企业可以通过微信公众账号进行各种推广活动，从而使大量的用户成为自己的粉丝。其次，企业可以利用公众账号的推送、客服等功能来进行关系深化、培养用户习惯，从而促使用户做出消费行为，实现交易的达成。最后，微信公众账号还可以通过线上线下的融合，把在微信上培养出来的忠实用户导流到实体店里。

有了微信公众账号，只要用户不取消关注，企业就可以随时进行信息的推送，随时为用户提供服务，并随时随地与用户进行沟通，获得他们的反馈。

第二节 如何选择微信公众号

1. 订阅号与服务号的区别

微信公众账号分为两种类型：服务号和订阅号。微信之所以要把公众账号按照功能来进行细分，主要是为了给用户和企业创造更大的价值：提供资讯、服务，节省时间，使服务更便捷，打造创新的体验。

同为公众账号，服务号和订阅号在功能上存在着很多区别。

（1）服务号

服务号，顾名思义，就是为用户提供服务的账号，运营主体是组织(比如企业、媒体、公益组织)，通常政府机构、银行及服务型企业会申请服务号，比如建设银行、北京交警、南方航空等。服务号能够为企业、机构提供更为完善的业务服务和用户管理，打造一个便捷、快速的用户服务平台。

服务号的权限包括以下几个：

第一，一个月（30天）内只能发送一条群发消息。

第二，发给订阅用户（粉丝）的消息，会显示到位于微信首页的用户聊天列表里。

第三，服务号会出现在订阅用户（粉丝）的通讯录中。通讯录中有一个服务号的文件夹，点开就可以查看所有服务号。

第四，服务号推送信息的时候，订阅用户（粉丝）会收到即时的信息提醒。

第五，服务号可以申请自定义菜单。

（2）订阅号

订阅号，是为用户提供信息和资讯的账号，运营主体是组织或个人，通常个人、媒体使用的比较多，比如央视新闻、文怡私房菜等。订阅号为媒体和个人提供一种全新的信息传播方式，在用户与企业、机构之间架设了一座沟通的桥梁。

服务号的权限包括以下几个：

第一，每天（24小时内）可以发送一条群发消息。

第二，发给订阅用户（粉丝）的消息，会显示在对方的订阅号文件夹中。用户需要点击两次才能打开信息。

第三，在订阅用户（粉丝）的通讯录中，订阅号将被放入订阅号文件夹中。

第四，订阅号推送信息的时候，订阅用户（粉丝）不会收到即时的消息提醒。

第五，订阅号不能申请自定义菜单。

由此可见，服务号与订阅号之间的主要区别如下表所示：

功能	服务号	订阅号
消息数量	每月一条	每天一条
显示位置	显示在用户列表中	显示在订阅文件夹中
消息提醒	即时提醒	无提醒
自定义菜单	可以申请	不能申请

2. 如何选择订阅号与服务号

无论是企业还是其他组织，在开通微信公众账号的时候，都会面临一个选择：究竟是选择订阅号，还是服务号？

对这两者的特点进行比较，我们会发现，它们各有利弊。比如，服务号会在用户需要的时候为用户提供周到的服务，但是，因为它每个月只能发送一条信息，用户一般会在看完后就马上删除。这就意味着，服务号有可能会在通讯录里被雪藏一个月，除非用户主动与它进行沟通。订阅号被折叠在了文件夹里，被用户打开的概率大大降低，但是，它可以每天推送一条消息，满足用户的阅读需求。

其实，服务号与订阅号的选择，要遵循一个原则：因企制宜。应该充分考虑到企业的自身特点，从企业的实际情况出发。如果需要不断地推送信息给用户，那么，订阅号是更好的选择。如果公众账号是立足于通过微信为用户提供诸如查询、办理、预约、售后等服务，那不妨选择服务号。

具体来说，服务号与订阅号的选择可以分为以下三种类型：

（1）知名品牌型

一些比较知名的品牌企业，通常在本行业里独树一帜，凭借着多年的经营与信誉积累了大量的用户。因为拥有这样的优势，这些知名品牌企业大多会选择服务号。这基于以下几点：

第一，它们已经拥有了一定的知名度，不需要再为自己做过多的宣传。

第二，它们有多种成熟的渠道来提高自己微信公众账号的订阅数量。

第三，它们没有必要通过每天推送信息的方式来获取粉丝。

第四，它们需要为用户提供的，不只是信息，更重要的是服务。这也是用户关注它们的微信公众账号的目的。

比如，南方航空的微信公众账号就选择了服务号，通过它的服务号，用户可以获得办理登机牌、查询航班票价、了解航班动态、检验机票真伪、查询登机口等多种服务，甚至通过微信就可以完成值机的整个过程。选择服务号作为自己的微信公众账号，使得南方航空能够最大限度地满足用户的需求，而且还简化了流程，为用户提供更为详细、贴心的服务。像南方航空这样选择服务号的知名品牌企业有很多，比如海尔集团、工商银行、宝洁集团等。

（2）宣传推广型

很多企业、机构之所以开通微信公众账号，是为了与用户进行更多的交流。通过这样的交流来宣传企业的文化、最新动态，扩大品牌知名度，获得更多的粉丝。宣传推广型的公众账号，定位非常鲜明：为用户提供信息、新闻、资讯，使用户获得一个了解自己企业或品牌的途径。对于这样的企业，订阅号是更好的选择。订阅号可以使企业每天都能向用户推送信息，向他们传递企业的价值观、文化、品牌理念等。相比其他方式，订阅号的运营不但需要投入的成本低，而且也更为精准。因为关注企业公众账号的用户从某种程度上来说，对企业的品牌是持有肯定、认同态度的。

宣传推广型的媒体在选择公众账号的时候也应该选择订阅号，因为媒体的主要目的是为公众提供新鲜的新闻资讯，订阅号每天一次的频率恰好可以实现这一点。比如，中央电视台新闻频道通过自己的订阅号"央视新闻"每天定时向用户推送信息，使用户及时了解当天发生的国内外政治、经济、民生等各类新闻。

（3）分享交流型

分享交流型的微信公众账号，主要目的是通过与用户分享和交流最新的信息、新闻、产品，或者与他们讨论热度比较高的话题，来吸引用户，让用户完成购物、消费等行为。这种类型的公众账号通常采用的是订阅号的形式，因为只有每天、持续不断地向用户提供信息，才能保持用户的活跃度及话题的热度。

归根结底，服务号与订阅号的选择都应该具体情况具体分析，没有固定的模式可以套用。对于企业或其他组织来说，最重要的事情是，应该明确自己的商业模式及目标用户的数量，明确自己做微信公众账号的目的、方向。只有这样，才能对症下药，有的放矢。

这里，有一些具体的建议可供参考：

第一，从运营的角度来说，订阅号的运营难度比服务号要低。因此，你不妨先从订阅号开始做起，通过订阅号累积一定的用户，与用户之间形成良性的、高活跃度的关系之后，再去做服务号，或者直接把订阅号升级为服务号，就水到渠成、事半功倍了。

第二，银行、航空、电子商务企业等需要经常与用户产生联系并为用户提供服务的行业与企业，服务号比订阅号更为适合。使用服务号才能在用户的消费过程中不断地给予他们服务性的提示，为他们提供订单、路线、需求等各方面的查询，并及时为他们进行在线客服。

第三，无论是订阅号，还是服务号，最重要的都是客户服务。微信公众账号相比其他的形式、途径来说，最为明显的优势就是基于客服的实时沟通。在不久的将来，微信公众账号可能会成为企业或其他组织最重要的一种客服形式，就像现在的电话客服中心一样。

第四，单独使用订阅号或服务号，可能还无法满足企业的需求，因此，在条件允许的情况下，也可以双号或多号同时运营。订阅号专门提供内容咨询、宣传和挖掘新用户，而服务号专门提供服务、维系老用户，并不定时地宣传活动信息。两者互补、互相促进，才能创造更大的价值。

3. 订阅号与服务号之间的转换与升级

现在，新注册的微信公众账号一旦选择了订阅号或服务号，这个公众账号的性质就不能再改变了。而微信4.5版本之前申请的订阅号却有一次升级为服务号的特殊机会。如何把握好这次机会，对于很多订阅号来说，也是非常头疼的事情。那么，究竟什么样的订阅号适合升级为服务号呢？

（1）应升级为服务号的四种订阅号类型

简单来说，以下四种类型的订阅号应该选择升级为服务号。

①用户数量大、活跃度高的订阅号

拥有大量用户、用户比较活跃、经常与用户进行互动沟通的订阅号，升级为服务号之后，通常还能保持较高的关注度。并且，在升级为服务号之后，还能为用户提供更好的服务，与用户之间进行更深入的沟通。但是，如果一个订阅号只有几百个订阅者，并且用户的活跃程度也不是很高，那就不要急着去升级为服务号了，盲目地升级只会使用户大量流失。

②品牌知名度高的订阅号

很多品牌知名度较高的企业在最开始运营微信公众账号的时候，可能选择的是订阅号。其实，如果品牌知名度高、拥有良好的品牌形象，不妨把订阅号升级为服务号，这样一来，既可以随时随地为用户提供客服，也可以得到用户的及时反馈与意见，一举两得。当然，如果品牌还不是很有知名度，尚处于积累用户的阶段，订阅号相比服务号则更为适合。因为对于这样的企业来说，当下最重要的任务是品牌传播，而不是品牌服务。

③把公众账号当成CRM平台的订阅号

对于一些企业来说，它们之所以运营公众账号，正是看中了它所具备的CRM潜质。为了更好地发挥微信作为CRM平台的作用，这样的订阅号应该尽快升级为服务号。这样，才能更好地管理用户，为用户提供服务，给用户带来更多的方便与快捷。比如建设银行的公众账号"建行电子银行"，以前是订阅号，但在服务号推出之后，就马上升级为服务号。通过服务号，建行能够为用户提供包括"微金融""悦生活"和"信用卡"在内的多项人性化功能和服务。"微金融"可以使用户快速查询自己的账户余额，实时掌握金融资讯，购买理财产品；"悦生活"能让用户轻松缴纳话费、水电费等日常费用，还可以购买影票、机票、彩票等；"信用卡"版块能够让用户查询信用卡账单信息，进行账单分期、信用卡还款等。既能有效地满足用户办理业务快捷、方便的实际需求，又提高了用户与银行之间的黏性。

④需要建立完善的线上营销服务体系的订阅号

服务号能够为企业、机构或其他组织提供更为完善、周到的业务服务和用户管理。如果企业想要通过公众账号建立起一个完善的线上营销服务体系，就必须马上把订阅号升级为服务号。这是因为，服务号相比订阅号，有一个强大的功能，那就是"自定义菜单"。通过"自定义菜单"，服务号可以根据营销或服务的具体需求来设置具体的模块并优化布局，为用户提供更个性化的服务。而且，在未来，微信还可能会开放更多的接口给服务号。

如果订阅号属于以上的情况，就应该毫不犹豫地选择升级为服务号。

（2）微信 4.5 版本之后申请的订阅号实现服务号功能的两种途径

对于微信 4.5 版本之后申请的订阅号来说，又该怎么办呢？其实，它们虽然无法升级为服务号，却也可以巧妙地实现服务号的功能。这一点主要是通过微信微网站与自动应答菜单来实现的。

①微信微网站

微信微网站指的是用户在微信中就可以打开并进行浏览的微型网站，通过这样的网站，企业可以展示自己的品牌、最新活动、服务及促销信息等。企业的订阅号可以通过各种各样的方式，比如直接向用户推送链接地址、在图文信息中添加等来将其展示给用户，引导用户对微网站进行访问，了解企业的有关咨询或获取他们所需要的服务。

微信微网站可以被理解为"微门户"，通过这个"微门户"，用户可以得到导引式、一站式的服务。而构建微网站，就相当于把企业的传统官方网站移植到微信上，使微信成为展示企业的新平台。

企业往往会通过线上、线下的各种途径来对企业的公众账号进行宣传，一且有潜在的用户添加关注，就可以立即通过用户管理获取用户的相关信息，并引导其进入企业的微网站之中。这意味着，用户在打开微信公众账号的同时，也打开了企业的官方网站，打开了深入了解企业的一扇大门。

最重要的是，有了微信微网站，用户有问题需要咨询或有意见需要反馈的时候，也不需要再打客服电话了，直接在微信对话框中就可以实现与公众账号的互动。

有了微信微网站，订阅号如虎添翼。

②自动应答菜单

自动应答菜单指的是企业的信息、提供的服务通过菜单的形式得以展现，从而起到引导用户的作用。自动应答菜单的内容是多种多样的，既可以是文字、语音，也可以是图文消息，甚至可以是微网页链接。自动应答菜单的功能能够让企业的菜单更加个性化，还能做到关键词的应答，从而实现对菜单各个单项服务点击的系统统计，让企业的营销更加精准、有效。从某种角度来说，自动应答菜单如同企业的名片，决定了用户对企业的最初印象如何。

现在，很多企业的微信公众账号，都会使用"亲爱的用户，您好！"或者"欢迎您的到来"等枯燥、乏味的欢迎词，这给用户留下的通常是刻板、模式化的印象，无法展现出企业的真正形象。而自动应答菜单则可以有效地解决这个问题。公众账号的运营者应该认真思考三个问题：你能够为用户提供什么样的服务？你希望向用户展示什么？用户能从你这里得到什么？把这些问题的答案找到之后，就可以通过一些具体措施来提升用户的体验。比如，如果你的企业是一个餐饮企业，可以把菜单、优惠信息、地址、订餐联系方式分门别类地罗列出来，让用户一眼就能看到自己需要的信息。

当然，订阅号虽然也能提供与服务号类似的服务，但在效果上还是有所欠缺。因为自定义菜单更直观、信息更详细，这是订阅号不可弥补的"先天缺陷"。

第三节 微信公众账号的设计之道

1.定位：告诉受众你是谁

在如今这个传播过度、信息爆炸的社会里，要想获得成功，唯一的希望就是要有选择性地把自己的火力集中在某个特定的目标、狭窄的领域、细分市场、聚焦用户。简单来说，就是要"定位"。对于微信公众账号的建设和运营来说，定位也是首要的且是最为核心的一件事。

（1）用户的心智运行模式决定着定位的重要性

之所以要把定位摆在如此重要的位置，是因为用户的心智有着一定的运行模式。

①心智的容量是有限的

人的心智并不是无限的，它就像是一个口袋，能够容纳的信息是有限的。心理学上有一个"7定律"，这个定律讲的是，人们能记住的事物不超过7个，并且，一个事物被提到7次的时候，才会在人们的脑海里留下长期记忆。现在，闭上眼睛，数一数你知道的手机品牌，是不是大约在7个左右？

因为心智的容量是有限的，人们不愿意、也无法接收太多的信息。大多数人的心智中，只能存储非常有限的一些信息。因此，并不是推送给用户的信息越多越好，他们根本记不住！你可以告诉他们有关你的企业、你的产品的一个信息，并反复提起，直到在他们的心智中留下长期记忆。

②心智喜欢简单，排斥混乱

没有人希望自己接收到的信息是混乱的、复杂的。很多公众账号向用户推送的信息总是很混乱，对于这样的信息，用户的第一反应是迷惑：这是什么？怎么用？有什么用处？

不要让用户动脑子去想这些问题,当他们产生这样的疑惑时,你的公众账号很可能就会被排斥,无法进入他们的心智。如果在用户的心智,有一个词能代表你的企业,那你就赢了。比如,说到"快",大家会想起顺丰快递;说到"多",大家会想起淘宝,因为几乎所有的东西都能在这个网站上买到。

③心智不会轻易改变

用户的心智是不会轻易改变的。一家企业或一种产品,只要进入了人们的心智,并形成了一个印象,就很难再去改变这个印象了。

了解了用户心智的运行模式,你就应该知道怎么设计微信公众账号,怎么向用户推送信息。站在用户心智的角度,你会发现,这是一个完全不同的视角,一切都不一样了。

因此,要想在营销中发挥更大的作用,微信公众账号首先应该制定一个符合自身实际情况、能够促进自身发展的定位。明确了自己的定位之后,才能形成品牌效应,来辐射更多的用户。比如,小米手机的微信公众账号定位就非常清晰:做发烧友喜爱的手机,专注手机玩家。因此,有大量的手机发烧友关注小米的微信公众账号,并积极地与它互动、沟通。

要做到清晰的定位,必须明确三个问题:

第一,战略目标——我们希望成为什么?

第二,市场环境——我们可以成为什么?

第三,自身实力——我们能够成为什么?

只有对这三点进行充分权衡之后,才能为微信公众账号找到一个适合的定位,才能根据这个定位来树立品牌形象、聚焦目标人群,从而形成不可替代的市场优势。

(2)微信公众账号的定位方向

具体来说,微信公众账号的定位可以从以下四方面入手:

①量体裁衣,以产品特点为基础

定位的目的是使产品、品牌通过微信公众账号这个平台得到更好的展示,从而吸引更多的消费者。因此，在为微信公众账号定位的时候，必须充分考虑到产品的特点，解决一个核心问题：你是谁，你能为用户提供什么？比如，你的产品是彩妆，定位的目标对象就是18~25岁的年轻女性群体。如果你的产品是保健品，你的定位就是保健行业，而不是饮料行业。

②充分聚焦，针对目标市场

微信公众账号的定位必须要针对产品的目标用户来进行。只有这样，目标用户才能够顺理成章地成为企业的传播对象，而这些特定对象可能只是这个品牌所有传播对象中的一部分。因此，微信公众账号的定位一定要站在满足用户需求的立场上，借助于各种传播手段，让品牌在用户心目中占据一个有利的位置。

③一切以用户为中心，提供"服务"而非"骚扰"

企业开通微信公众账号的时候，必须要明确，这是一个服务用户的工具，不要把它当成一个完全的营销平台。因此，微信公众账号为用户提供的应该是"服务"，而不是"骚扰"。如果推送过多的信息，只会对用户的心智造成扰乱，使他们不胜其扰，最终取消关注。

④充分关注竞争者

在进行微信公众账号定位的时候，竞争者也是对其产生影响的一个重要因素。对于竞争者的关注实际上是为微信公众账号的定位寻找一个准确的参照系。

在市场竞争日益激烈的情况下，几乎在每一个细分市场上都会出现一个或多个竞争者。因此，在对微信公众账号进行定位的时候，应该充分考虑到竞争者的情况，从而和竞争者区别开来，制造差异，凸显出自己的竞争优势，用自己的优势去战胜竞争对手。跟进和模仿只会失去个性，失去用户的信任，做得再好，最多也只是会被用户视为一个"超级模仿秀"。

要做到这一点，就要尽可能地突出差异化，打造出独特的微信风格。在这方面，有两个原则：第一是"人无我有"，为用户提供其他竞争者无法提供的东西，用户自然会被吸引，愿意关注你；第二是"人有我优"，如果你和其他竞争者为用户提供同样的产品，但你的服务却明显优于其他人，同样也会得到用户的青睐。只有这样，才能让你的微信公众账号的定位更加准确、创新、独特，更能从众多公众账号中脱颖而出。

2. 取名：什么样的名字更亮眼

在遥远的加勒比海上，有一个叫作"猪岛"的小岛，多年来一直默默无闻。后来，当地人给它改名为"天堂岛"，从此之后，这个小岛的美名开始传扬出去，游客如织。由此可见，一个好的名字是多么重要。对于微信公众账号来说也是如此，好的名字就像是钩子，会把品牌高高挂在用户的心智中，让他们过目难忘。

微信公众账号的名字对于它以后的自然流量增长，以及用户心目中的定位是非常重要的。因为无论是用户在第一次搜索公众账号，还是在关注后每次打开公众账号的时候，第一眼看到的都是公众账号的名字，很容易就会形成先入为主的印象。而且，我们也必须明确这样一个事实：微信公众账号的名字一旦确定了，就无法再更改。所以，在开通微信公众账号的时候，一定要谨慎取名。

那么，什么样的名字更亮眼呢？

（1）微信公共账号取名的原则

在取名的时候，可以遵循以下几个原则：

①好记，能迅速传播

无论是传统互联网，还是移动互联网，都有一个鲜明的特点，就是传播速度快。在其他媒体或平台上需要很多年的积累才能达到的传播效果，到了互联网上，可能短短十分钟就能达到。每天，我们都会看到，很多人通过微博、微信等新媒体一夜爆红。因此，微信公众账号的名字必须要好记、能够迅速传播。做到这一点，才能为以后的宣传推广打下坚实的基础。

②包含目标关键词

在微信里，有一个搜索功能，用户可以通过搜索关键词来查找自己感兴趣的微信公众账号。因此，如果你想让自己的微信公众账号更快速地被用户搜索到，就应该在取名的时候包含目标关键词。比如，如果一个微信公众账号为用户提供的是旅行攻略，名字里就一定要包含"旅行"这个目标关键词。这样，那些对旅行感兴趣、希望获得旅行攻略的用户，就可以通过搜索来找到这个账号了。

③加上区域名称

因为微信是基于地理位置服务的平台，所以大多数微信公众账号的目标群体都是某个特定区域的微信用户。在取名的时候，最好加上区域名称，比如北京旅行攻略、南京外卖网等。这样，才能更有效地获得精准的目标用户。

（2）微信公共账号取名的忌讳

除了以上三个原则之外，微信公众账号取名还有以下忌讳：

①名字不应太短或太长

微信公众账号的名字不要太短，比如，一个提供美食菜谱的公众账号，如果取名"美食"，是不可能吸引到目标群体的。这样的名字一是没有特点，二是过于宽泛，没有针对性。当用户在微信进行搜索的时候，这样的公众账号排名通常会非常靠后，很有可能根本进入不了用户的视线。即使用户发现了这个账号，面对这个名字，他也会感到非常迷茫：这是一个什么样的微信公众账号？做美食推荐的，还是推送美食图片的？最后自然不会选择关注。

太长的名字也不会引人注目，长名字首先会给用户一种啰里啰唆的感觉，其次还会给人留下不专业的印象，关注度自然不会很高。

②尽量避免使用生疏、冷僻的词汇

作为一个公众平台，微信相对比较封闭，大部分用户都是通过搜索来添加关注的。如果微信公众账号的名字过于生疏、冷僻，用户在搜索的时候就会遇到困难，搜索率自然不会太高。

③不要使用宽泛的词汇，越精准越好

很多人往往会有这样的误解：名字越宽泛，用户搜索到这个名字的概率也就越大。事实恰恰相反，宽泛的名字通常搜索度和关注度都很低。比如，

如果一个微信公众账号为用户提供的是路况查询服务，它取名为"路况查询"，用户是否会买账呢？答案是否定的。因为用户希望获取的路况信息通常是某个区域的，比如北京、上海等具体的城市。取名为"北京路况查询"，才能锁定用户群体。

总之，在给微信公众账号取名的时候，一定要记住：精准到位的关键词检索才能使用户更快捷、更简便地找到你，名字是为关键词搜索服务的。做到这一点，才能在众多公众号中脱颖而出。

3. ID：越简短，越有效

微信公众账号的名字是可以重复的，当你搜索"北京旅游攻略"的时候，可能会搜索出很多重名的公众账号。因此，微信公众账号的名字并不是独一无二的，在微信这个平台上，真正独一无二的，是ID。

在微信的世界里，无论是个人还是公众账号，都会有一个ID。这个ID是我们辨别身份的唯一标准。取一个好的ID，有助于微信公众账号获得更多的关注。

设置公众账号ID，最重要的原则是：越简短，越有效。目前，微信的ID是由纯英文或英文加数字的组合构成的，最少是六位数，因此，如果能取到一个较理想的六位数，就尽量不要取七位数。太长的ID会增加用户记忆的难度，也会提高用户搜索的门槛，给用户带来很多不便。难度高，用户就有可能会放弃，这样，无形中就会流失很多潜在的目标用户。

除此之外，设置公众账号ID，还应该遵循以下两个原则：

（1）与企业的品牌、公众账号的名字要有高度相关性

微信公众账号的ID与企业的品牌、公众账号的名字要有高度的相关性，只有这样，才能形成集群效应，也才能在用户头脑中不断重复，被他们所记住。比如，建设银行上海分行的微信公众账号ID为sh_ccb，《创业家》杂志的微信公众账号ID为chuangyejia，华为公司的微信公众账号ID为huaweicorp，百度贴吧的微信公众账号 ID 为 baidu_tieba,《商业评论》杂志的微信公众账号 ID 设置为 shangyepinglun,杨幂的微信公众账号 ID 为 miniyangmi,李开复微信公众账号 ID 设置为 kaifu……这些 ID 都与他们的品牌是一致的。

（2）好记并适合搜索

当你与别人交换手机号码时会发现，如果对方的手机号码中含有"1234"或者"5555"等数字组合，就会非常好记。一个好记的手机号码，即使当时你没有存储到手机中，过后也可能会想起来，及时记录下来。微信 ID 也是如此，如果公众账号的 ID 非常好记，就会在用户头脑中形成一个深刻的印象，他会记住这个 ID，并通过微信的搜索功能找到并添加关注。

微信 ID 是独一无二的，如果一个号码被其他人抢注了，你就只能想其他名字了。所以，注册公众账号赶早不赶晚。否则，等到好的微信 ID 被别人注册以后，你就后悔莫及了。

4. 自我介绍：让受众第一时间记住你

与陌生人初次相识，人们通常需要自我介绍，对自己进行描述，这是向别人展示自己的一个重要途径。自我介绍好不好，直接关系到一个人给别人的第一印象，甚至还会影响以后交往的顺利与否。微信公众账号的功能介绍相当于初次见面的自我介绍，是用户了解公众账号的一种方式。

好的功能介绍，能使受众第一时间记住这个公众账号，激发起用户对于这个公众账号的热情。那么，什么样的功能介绍，才能达到这样的效果呢？首先，你应该明确，能为用户提供什么样的服务，或者为他们创造什么价值；然后，把你的服务与价值用简单、直白、有吸引力的语言描述出来。比如，小肥羊集团的微信公众账号自我介绍是："知名火锅餐厅品牌，特色滋补锅底；招牌羊羔肉，内蒙古产地直供。"艺龙旅行网的微信公众账号自我介绍是："订酒店，查攻略，查天气，查列车，查机票，查全球景点，偶尔支持调戏。"绿淘网的微信公众账号的自我介绍是："您身边最优质的外卖平台。叫外卖，上绿淘。"这些微信公众账号都用清晰的语言把自己的服务罗列了出来，让用户一眼就能看到，自己关注这些公众账号能够得到什么。

当然，公众账号的功能介绍也可以不写企业的简介或是主营业务，而突出自己的个性。比如"背包旅行"的公众账号介绍是："出发，遇见一程旅行，看见一个人的风景，打开地图，戴上耳机，背包旅行，留下旅途的回忆。""小道消息"的公众账号介绍是："只有小道消息才能拯救中国互联网，只有小道消息才能拯救中国创业者。不关注小道消息，关注谁？"

微信公众账号还可以直接把促销活动或优惠信息放在功能介绍上，以此来吸引用户关注自己。比如，可口可乐就在微信公众账号的自我介绍中写道："'午后畅爽秒大奖'活动正在进行中,关注可口可乐官方微信,点击下方菜单中的'三点秒杀'即可查看活动信息。每天 300 台三星手机 0 元秒杀，5 万款爆款商品 3 折起售！"

总而言之,微信公众账号的自我介绍一定要简单直接，具有特色，有吸引力。只要能够让受众第一时间记住你，公众账号的运营就已经成功了一半。

5.欢迎语：给用户一个导航图

用户关注了某个微信公众账号之后，马上就会收到运营者提前编写好的一段欢迎语。这段欢迎语是通过微信后台自动发送的，可以是文字、语音，也可以是图片、视频，是微信公众账号与用户之间的第一次交流、互动。

欢迎语有两大作用，一是引发用户的注意力，使其产生良好的第一印象，从而保持对微信公众账号的持久关注；二是给用户提供一个导航图，让他了解自己应该如何与微信公众账号进行互动。

什么样的欢迎语才能更好地发挥作用呢？

（1）态度热情真诚，语言诙谐风趣

俗话说："来的都是客。"每一位关注微信公众账号的用户，都是"客人"，对待这些人，一定要态度热情、真诚，对他们表示热切的欢迎与鼓励，让用户感受到充分的尊重与重视。欢迎语应该尽量诙谐风趣，比如，淘宝旅游的微信公众账号欢迎语是"恭喜你找到组织啦"，中信银行的微信公众账号在欢迎语中把自己称为"包打听"。这会让用户感到新奇、亲切，感觉自己像是在与一个活生生的人交流，而不是一个没有七情六欲的机器人。这样的欢迎语更人性化，也会留住更多的用户。

（2）告诉用户下一步应该怎么做、能做什么

用户之所以关注微信公众账号，是希望能够获取信息或服务。但是，在关注之后，他们又会感到迷茫：接下来应该怎么做呢？此时，微信公众账号的欢迎语就应该帮助他们解决这个疑惑，告诉他们下一步应该怎么做、能做什么。比如关注中国国际航空的微信公众账号之后，它会发送一段欢迎语，告诉用户1~10的每个数字代表什么业务，用户只要回复数字，就可以获取相应的信息或得到需要的服务。

（3）为用户提供帮助，为他们解决问题

用户关注某个微信公众账号，希望从中获取帮助，也是一个非常重要的原因。因此，在欢迎语中，要尽可能地表现出你愿意为他们提供帮助的热忱与希望。这样，微信公众账号才能更有价值。

6. 自定义回复：从用户的角度出发

当用户发送信息给公众账号的时候，会得到一个自动回复，这就是微信公众账号的一个重要功能——自定义回复。

常见的自定义回复大多是"你好！""感谢……"或简介等。这些信息看起来有些太过枯燥乏味了，会令用户感觉无趣。其实，自定义回复也是吸引客户的一个有效手段，关键在于怎么使用。

好的自定义回复会从用户的角度出发，引导用户一步步产生对微信公众账号的兴趣。比如，首先设置自动回复内容："欢迎关注我们，您可以回复数字来获取相关信息，1为企业介绍，2为优惠信息，3为促销活动，4为免费礼品……"等到用户输入数字之后，再通过下一条信息来与用户进行互动。这样，就可以引导用户与公众账号进行交流，让用户对公众账号的了解更加深入。

微信公众账号还可以设置一些有意思的话题或脑筋急转弯等小游戏，来引导用户参与到互动之中。

1号店的微信公众账号，通过"你画我猜"活动成功吸引了用户的注意力。每天，1号店都会自动推送一张图画给用户，用户回复答案之后就会得到奖励。1号店把猜图的有趣和抢答的紧张结合在了一起，用户只需要稍动脑筋、动动手指就能获得实实在在的奖励，何乐而不为？

IT茶馆的微信公众账号也曾经发起过一个叫作"开心茶馆"的活动。在这个活动中，IT茶馆设置了很多有趣的问题，比如第一题：IT茶馆的网址是多少？第二题：IT茶馆的官方微信号是多少？第三题：成都市的市花是什么？第四题："床前明月光"的下一句是什么？第五题：怎么样上网才不会中病毒？用户回答对问题，就会得到奖励。而且，如果用户回复"茶馆惊喜"，系统还会自动回复相应的优惠信息，如获得金额为20元的优惠券、苹果手机壳等。同时，它还会提醒用户，如果预订之后放"茶叔"鸽子，就会失去获得下一次"茶馆惊喜"的资格。

总之，自定义回复能够提高微信公众账号与用户之间的互动频率，增加用户黏性。不过，设置方式并非千篇一律，需要企业根据自身实际情况来考虑。

第三章

微信营销，内容价值是核心

第一节 用户为什么关注公众账号

人们在做任何事情的时候,都会有一定的目的。这个"目的"就是驱使他去做这件事的原动力。同样,用户之所以会关注某个微信公众账号,肯定也存在着一定的目的性。了解用户为什么关注公众账号,知道他们希望获取什么,才能更有针对性地进行微信营销。

要找到这个问题的答案,就需要我们了解并认真分析用户的核心需求。了解用户需求在营销中有着举足轻重的作用,我们先来听一个有趣的小故事。

一天,一位老太太拎着菜篮子来到菜市场,她打算买一些杏。老太太先是来到了第一家摊位前,问那个摊主:"这杏味道怎么样?"

摊主看来了生意,高兴地回答道:"您真是好眼力,这杏特别甜,包您吃了第一次还想吃第二次。"

老太太什么也没说,走到了第二家摊位前,问摊主:"你的杏怎么样?"

摊主回答道:"我这里有各种各样的杏,有酸的,有甜的,不知道您想要哪种口味的?"

老太太说:"我想买酸一点儿的。"

摊主指了指旁边的一篮杏,说道:"那一篮杏肯定符合您的胃口,酸得咬一口就直流口水,您看怎么样?"

老太太点点头,让那位摊主称了一斤。买完杏之后,老太太继续在菜市场里闲逛。走了没多久，就看到另一个摊位上也摆着很多杏，不仅个头大，而且看起来很新鲜，于是她就问摊主："这杏怎么卖？"

摊主问她："您想要哪种杏？要酸点儿的，还是要甜的？"

老太太回答说："我想要酸一点儿的。"

摊主不解地问道："别人来买杏，都是越甜越好，怎么您却偏要酸杏呢？"

老太太笑了笑，说道："我的儿媳妇刚刚怀孕，现在有些孕期反应，就想吃点酸的，所以我想给她买点酸杏吃。"

摊主竖起了大拇指："您对您的儿媳妇可真好！这边的杏确实很酸，您算是买对了，您要多少？"

老太太被摊主夸得心里美滋滋的，于是就又买了一斤。

摊主一边给老太太称杏，一边说道："十月怀胎，可真是不容易，营养一定要跟上。您知道孕妇最需要什么营养吗？"

老太太摇摇头。

摊主指着旁边的猕猴桃说道："猕猴桃里含有丰富的维生素，孕妇应该多吃一些，对孩子好。您要是天天给儿媳妇吃猕猴桃，将来生下的大胖小子一定又健康又壮实！"

老太太一听，心里更高兴了，于是又买了一斤猕猴桃。

摊主赶紧给老太太称猕猴桃，一边说道："您儿媳妇一定是个有福气的人，能遇上你这么一位好婆婆！我每天都在这里摆摊，我的水果都是当天从批发市场找最新鲜的批发来的，您要是觉得我的水果还可以，以后您再来，我给您优惠！"

老太太高兴地点点头。从那之后，每次到菜市场买水果，她都只到这一家来买，成了忠实顾客。

我们看到，三个水果摊主面对着同一个老太太，为什么结果却完全不一样呢？原因在于：第一个摊主没有了解老太太的根本需求，直接推销他认为好吃的产品，因此遭遇了失败；第二个摊主聪明一些，询问了老太太的需求，知道

了老太太想要的是酸杏，于是他成功了；第三个摊主最聪明，他不但了解了老太太对酸杏的需求，而且还挖掘出了她的核心需求，即儿媳妇怀孕了，喜欢吃酸的，需要加强营养。因此，他不但把酸杏卖给了老太太，还促使她购买了一斤猕猴桃。

微信公众账号的运营也是同样的道理，要想得到更多用户的关注，就必须要倾听用户的心声，了解用户的核心需求。只有为用户提供他们真正想要的内容，微信公众账号才能获得更多的青睐，才能通过口碑传播赢得越来越多的忠实粉丝。

第二节 什么内容才是用户关注的

1.什么样的内容分享率高

对于微信内容来说，虽然存在着"众口难调"的问题，但我们也会发现，在微信朋友圈里，有一些文章的分享率特别高，有的甚至能达到上万次。

为什么这些文章的分享率如此之高呢？其实，备受欢迎的微信内容应该符合以下几点：

（1）有价值，能为用户带来一定的帮助

很多微信公众账号向用户推送的消息毫无价值，要么是胡乱拼凑几段文字，要么是无限重复某种观点，要么就像流水账一样平淡无奇。用户收到这样的消息自然只会产生厌恶的心理，进而取消关注，更不会对其进行分享了。只有有价值的内容才会引起用户的关注，才会诱发他们的分享欲望，因为他们不但自己从中受益，同时也希望自己的亲朋好友能因此而受益。仔细观察在微信好友圈里分享率高的那些文章，通常都是能够为用户带来一定帮助的，比如美食食谱、生活小贴士、养生秘诀、减肥方法等。

（2）专业性强，具有较强的权威性

微信公众账号发布的内容越专业，越容易被分享。比如，如果推送的内容是与互联网营销有关的，作者对于互联网营销相关的专业知识必须非常了解，提出的观点也应该饱含真知灼见，让用户读了之后能深受裨益。如果满篇都是一些"片汤儿话"，用户当然不会买账，更不会分享。

（3）时效性强，要善于把握社会热点话题

在如今这个信息爆炸的社会，新闻的时效性已越来越强。今天的爆炸性新闻，到明天可能就成无人关注的旧闻了。微信内容也是如此，只有紧跟时代潮流，把握甚至引领社会热点话题，抓住火候、趁热打铁，才能吸引用户的注意力，激发他们的分享热情。比如2014年3月份发生的马来西亚航空MH370失联事件，这是6亿微信用户最为关心的事情，大家都想了解到关于这一事件的最新消息，而这时，与此相关的微信内容就会被大量地分享。

（4）具有吸引力的成功案例，能诱发人们的关注

人人心中都有对成功的渴望，正是在这种渴望的驱使之下，人们才会去关注那些成功者的故事，希望从他们的经历中汲取营养、借鉴他们的经验，希望有朝一日自己也能成为像他们一样的成功者。因此，成功案例往往会受到很多人的追捧。2014年4月，在朋友圈里疯狂传播的一篇《我为什么要辞职去卖肉夹馍》的文章，就是一个鲜明的例子。而小米手机只用了一个月的时间就吸引了10万用户关注的案例，也被很多网站的转载和无数用户的分享。

（5）与众不同的观点

如今，互联网越来越发达，信息流通也变得越来越廉价。当信息的获得变得如此轻而易举，信息同质化就成了不可避免的事情。每天，人们都在重复着同样的观点，当你与他人交流时，或许经常会哑然失笑：这些话我已经听其他人说了千百遍了！而如果有人提出了新鲜的、与众不同的观点，所有人都会感到耳目一新。同样，有性格的微信内容，才能得到更多分享。比如微信公众账

号"骑行西藏",它所推送的消息都是旅途美景、骑行时的心情文字等,在诸多千篇一律的商业性内容里独树一帜。这些内容就像是淙淙溪流,无声地滋润着人们干涸的心灵,让人们感受到了一种自由、随性的愉悦感。他们也愿意把这样的内容分享到朋友圈,让朋友也感受一下同样的正能量。

当然,所谓"与众不同",并不是盲目地逆常规而行、一味地唱反调——别人说这是白的,你偏要说是黑的;别人说这个好,你偏要说不好;别人要往东,你偏要往西……如果为了特立独行,连常识、规律都不顾了,那只不过是哗众取宠罢了,也得不到用户的关注。

真正的与众不同,是善于从另外一个角度去看待问题、分析问题,看到别人所看不到的东西,提出独特的、有见识的观点。其实,无论是什么事情,都存在着多个方面。然而,很多人总是只看到一个方面,而忽视了其他方面。你如果不人云亦云、随声附和,而是独立进行思考,从其他方面去着眼,就一定能够提出与众不同的观点。只要这个观点是有道理的,用户自然愿意分享它。

分享的核心动力是什么?是分享自己的所见所闻,让志同道合的朋友们能够共同感受、彼此受益。因此,能够广为人们分享的内容,一定是有价值、有能量、有质量、有亮点的。而那些毫无内涵、没有价值的内容,则会被飞快地淘汰。

2.内容建设的三个步骤

在这个内容为王的时代,如果微信公众账号没有了内容,就等于一个人没有了灵魂。要记住,无论是一个网站还是一个微信公众账号,要吸引用户,靠的不是什么美观、漂亮的界面,也不是令人目不暇接的功能,归根结底,是能够满足用户需求的信息。只要你的内容对用户来说是有价值的,你就能吸引用户,赢得用户的尊重,进而留住用户,并拓展更多的用户。

因此,如何进行微信内容建设,是很多微信公众账号尤为关注的一个问题。在回答这个问题之前,我们首先应该了解的是,什么样的内容是不受欢迎,甚至会引发用户取消关注的?

用户取消关注某个微信公众账号的原因无非有以下几种：

第一，信息中包含了过多的广告，令人生厌。

第二，内容不实用，多为垃圾信息。

第三，多是陈词滥调，毫无特色。

第四，推送时间不合理，打扰用户。

第五，篇幅过长，不适合移动设备阅读。

第六，时效性差，信息过时。

由此可见，用户希望从微信公众账号获取的信息应该是优质的、可靠的、独到的。因此，在进行内容建设的时候，一定要抓住用户的需求，避开"雷区"，推送符合用户口味的信息。

具体来说，微信内容建设可以遵循三个步骤来进行：定位、提炼、管理。只要重视每一步的质量，按部就班做好，就可以为用户呈现更有吸引力的内容。

（1）定位

你是谁？你能做什么？你能提供什么价值？这就是定位，定位会告诉别人你的独特价值所在。定位是微信内容建设的第一步，有了明确、清晰的定位，微信公众账号的内容才会表现出独特的个性。

做好内容定位，最简单的途径是结合企业已经形成的品牌定位来总结出品牌的特点，也就是根据潜在消费者对企业的品牌所产生的最直观的认识来提炼出品牌的"关键词"。比如，如果企业的品牌定位是"给年轻的心一个自由呼吸的空间"。这个品牌的关键词就是"年轻""自由"，那么，微信公众账号的内容着墨点就要在"年轻"与"自由"上，如多推送一些积极乐观、有正能量的内容，为用户刻画出一个青春、活力的品牌形象。

（2）提炼

微信内容的素材通常多种多样，并不是每种素材都能拿来为我所用，要让微信内容更有价值、更吸引人，就必须要对这些素材进行提炼。

提炼的重点在于了解用户，只有那些迎合用户核心需求的内容，才适合被提炼出来进行发布。提炼可以从七方面来入手：

第一，实用性。内容一定要实用，能够向用户提供切实的帮助，比如优惠信息、生活技巧、实用工具等。

第二，多元化。内容的形式要尽可能避免单一化，不要只用文字这种枯燥的方式来发布，加上图片、语音、视频等，会使消息更加丰富多彩。

第三，相关性。微信内容与企业或品牌要有一定的相关性，这样便于添加一定的推广信息。

第四，有趣性。内容一定要是有趣的，只有这种消息才能引发人们关注的热情。

第五，独到性。应该根据企业的品牌个性来打造与众不同的内容，能够吸引眼球的，才是大家愿意关注的。

第六，互动性。内容应该能够激发用户互动的热情，只有这样才能形成更强的用户黏性。

第七，热门性。与热门话题有关的内容才能引发更多人的讨论，讨论得越红火，在朋友圈中的分享率越高。

内容必须要体现价值，才能获得更多用户的认可、关注与热爱。

除此之外，在内容提炼的时候还要避开一些雷区。比如宗教或政治方面的内容，没有经过证实、以讹传讹的内容，以及一些个人感情强烈、主观性太强的内容。这些内容虽然话题性比较强，也更能吸引用户的眼球，但是风险很大，稍有不慎，就可能会带来极大的负面影响。

（3）管理

对内容进行了提炼之后，接下来就要进入内容的管理阶段了。

微信内容发布以后，并不意味着大功告成，后期还需要对内容进行管理，比如安排具体人员对已发布的内容进行实时监控与维护、与用户进行互动、对用户的反馈进行收集等。对于大企业来说，因为人力资源系统完善，做到这一点并不是什么难事。但对于一些小企业或是自媒体来说，因为人力、资源及资金上都比较匮乏，要做好内容管理就显得有些困难。其实，即使是没有组建起一个专业的微信运营团队，也能对内容进行管理。比如，让微信运营专员计划好时间，用1/4的时间来规划内容，用1/4的时间来编制内容，用剩余的1/2的时间来进行内容监控、与用户互动。这样，也能达到双管齐下、事半功倍的效果。

如果微信公众账号推送的内容是实用的、有趣的、有益的，并能够引发用户的分享欲望，那么微信营销就已经在成功的道路上迈出了最重要的一步。

3.微信内容的六种类型

微信营销，内容价值是重中之重。然而，有价值的内容来源于哪里？来源于对用户心理的精准把握，来源于对市场的深入调查，来源于对品牌的正确认知。

总结起来，微信内容主要可以分为以下六种类型：

（1）倾听型

如果你的微信公众账号不知道说什么才会引起吸引更多的用户，没关系，先竖起耳朵来听一听你的目标用户们在说些什么。

每个企业都会设置客户服务部门，这个部门就是企业的耳朵，客服人员会听到用户的抱怨与反馈。那些用户问得最多、反馈最多的问题就是他们最为关注的问题，也是微信内容的一个重要来源。

倾听的另一种途径是，通过搜索引擎、微博、微信来搜索你的企业、产品，甚至是同行业中其他竞争对手、同类产品，看看用户对它们有什么意见、存在什么问题。在这些意见、问题甚至是抱怨中，就蕴含着用户的真正需求。经过一段时间的倾听与观察，你会发现，用户关心的问题大致可以分为几类。把它们进行总结，然后根据这些问题来设计微信内容，就能有效命中用户的心理。

如果一个微信公众账号能够为用户解决问题，就会备受用户的喜爱。毕竟，谁都希望足不出户就能将问题化解于无形。既然现在已经有了这样一个便捷的途径，又为什么不去利用呢？

（2）好消息型

谁都希望听到好消息，如果这些消息与打折、优惠、礼物有关，那就更受欢迎了。微信公众账号可以向用户推送一些优惠信息。其实，在关注某个品牌的用户中，有将近一半的人是出于折扣或领取礼物等原因才添加关注的。

虽然推送折扣消息是人们所喜闻乐见的，有一点却一定要注意，那就是：不要把折扣信息一股脑儿地全部发布出来。俗话说，物以稀为贵，什么东西，一旦多了，就会贬值，信息也是如此。如果你给用户留下了"天天都打折"的印象，他们就会逐渐失去兴趣。微信公众账号应该专门设计一些微信粉丝专享的"特别优惠"，使他感受到作为微信粉丝的荣耀与优越。这样，他们才会珍惜自己的粉丝身份，才会认为关注这个微信公众账号是值得的。

（3）故事型

如果微信公众账号总是向用户推送一些枯燥、乏味的产品介绍，可能不会有用户愿意关注它，即使关注了，用不了多久也会取消关注。用户之所以关注微信公众账号，不是为了获得一份产品说明书，而是为了获得更有趣的信息。所以，如果你是卖家电的，你不能只介绍你的家电是怎么制作的、由哪些部件构成的、性能多么好，这些信息虽然重要，却无法吊起用户的胃口。你可以多讲述一些相关的故事，比如，海尔的微信公众账号可以讲述海尔的历史，讲述张瑞敏怒砸冰箱的故事，讲述海尔根据农民需求改进洗衣机使其更适合洗地瓜的故事。比起枯燥的产品介绍来，丰富动人的故事更容易引发用户的关注热情。

（4）自曝隐私型

微信公众账号也可以"自曝隐私",把企业内部的一些情况展现在用户面前,比如企业研发某个产品时发生的一些小插曲、员工在公司里的工作生活经历、办公室的温馨环境、团队建设活动等。这样,用户就能更好地了解企业,在他们看来,这个微信公众账号就不再只是一个信息发布工具了,而更像是一个有血有肉、活生生的"人"。

（5）互动型

通过微信公众账号,与用户互动起来。比如,如果有用户通过微信反馈正面的意见,你可以将他们的认可与赞美编写到一条信息中,发布给大家。这样不但能够让内容更加充实、有个性,而且还会让用户感到愉悦,认为自己得到了足够的重视。比如,一些电商的微信公众账号都开设了"晒单""晒出搭配"等功能,让用户可以展现自己的风采。它们在推送消息的时候,就会把这些晒单的图片、视频发布出来,与用户进行互动,提高用户"晒单"的积极性,进而增强用户黏性。这样,不但能够把用户的线下体验反馈到线上,而且还可以引导用户,甚至还会对用户的好友圈进行辐射,可谓一举多得。

（6）炒冷饭型

有时,把冷饭再炒一下,也未尝不是一道好菜。把一些经典文章、旧日回忆转发出来,也能引发用户的怀旧情绪,使他们有所共鸣,进而产生分享的热情。但是,在转发的时候一定要注明出处,要尊重别人的劳动成果。

当然,不论微信内容是何种类型,都要遵循一个原则,那就是:一切从用户的需求出发。谁把握住了用户的需求,能为用户贡献有价值的内容,谁就能获得更多的用户。

第三节 什么时间推送最有效

微信公众账号在推送消息的时候,时间把握是非常重要的。如果在不恰当的时间推送消息,推送就会变成打扰,可能会因为影响了用户的正常生活而被取消关注,最后反而得不偿失。

那么,什么时间推送最有效呢?一般来说,早上、午饭后、晚上睡觉前是最合适的。

1. 早上:8点~9点

这段时间,大部分人都已经起床,他们期待着了解最新的消息,有获取信息的主观能动性。而且多数人正在上班的路上,在地铁里或公交车上无所事事,有充裕的阅读时间。

这一时段,更适合推送一些新闻资讯类的内容。

2. 中午:12点~13点

这段时间一般是午饭的时间,很多人吃完午饭后就会感到百无聊赖,有些人还会聚在一起讨论买什么东西更划算。这时推送信息,阅读的概率较大,购买的可能性也较大,而且也更容易被分享。

这一时段比较适合推送产品促销、折扣优惠类的内容。因为这个时间段,潜在的用户就可以在线实时购买产品、对产品进行咨询,有利于产品的活动促销,获取更多的产品订单。

3. 晚上:21点~22点

这段时间,大家已经吃完晚饭、稍事休息,非常清闲,而且心情也比较放松,很容易产生购买的欲望。这时推送消息，大部分人都能接受，而且还会与他们的购物热情不谋而合。

这一时段，比较适合推送一些团购、促销类内容，以及用于培养读者的内容。因为用户有更多的空余时间，可以静下心来阅读文章。

第四节 如何让内容更有吸引力

1. 标题的醒目技巧

在微信时代，要想让你的内容吸引更多人的眼球，首先应该努力做一个"标题党"。一打开微信，人们第一眼看到的就是标题，一个醒目的标题能够勾起人们的阅读热情，而一个枯燥、死板的标题却只会让人产生删除它的欲望。因此，一篇文章是不是能够吸引大量的受众，重中之重就在于标题。

那么，什么样的标题更醒目？应该从以下三方面入手：

（1）标题包含的要素

标题应包含以下三个要素。

①**热门词汇**

热门词汇，代表着当下社会的热点。在某一个阶段，这种热门话题的热度很高，人们的关注度也很高，传播率自然也很高。比如2013年冬天，《爸爸去哪儿》的热播使得"爸爸去哪儿"成为人们热切讨论的话题，一时间，只要标题里含有这几个字，就会有很多人点击阅读。

②**权威人物**

到微信上看看，凡是与马云、马化腾、李彦宏、任正非、任志强等权威人物有关的内容传播率都不低。这是为什么呢？主要是因为人们都有对于权威人物的崇拜、敬仰，甚至是"迷信"——凡是他们说的话，都会叹服。对于他们的经历，也总想一探究竟。因此，标题中如果包含类似的权威人物，也比较容易得到转发。

③体验式感受

看看现在网络上最为流行的文章，其中不乏"感动百万人""朋友圈转疯了"等字眼，这些包含体验式感受的标题往往能够引发人们的好奇心，并且能够诱发人们的从众心理。

（2）标题字数

既然标题应该包含这么多内容，很多人的脑子里就会打上一个问号：那标题得多长啊？其实，一个好标题，总是能用较少的字数把事情讲述清楚，比如《马化腾评腾讯京东联姻，朋友圈转疯了》。微信标题的字数以10~18个字为宜，这样字数能够以整行的形式出现，更加美观。不建议使用少于10个字的标题，因为微信有一个特点：标题长一些，反而能引起人们的注意。

（3）拟定标题的具体方式

文章要想获得更高的曝光度，在标题拟定上也有一些具体的方式。

①提问式

采用提问式来拟定标题，能够引发用户的共鸣。如果恰好用户也希望了解这个问题的答案，他就会点击阅读。

②借力式

借力打力，更容易四两拨千斤。所谓"借力"，有两种方式，一是紧抓当前的一些热门事件撰写标题，比如《来自星星的你》很火，你的标题就可以拟定为《来自星星的柔肤水》；二是借助权威部门发布的数据或知名人物的话来对你的观点进行支持，增强权威性。

③情感诱发式

从情感的角度，把自己当成是用户的朋友或亲人，用劝勉、叮咛、希望的语气为他出主意、提建议，比如《临睡前请放下手机，保护心灵的窗户》《朋友，PM2.5 这么严重，洗洗肺吧》。让用户感受到你对他的关心，激发起他的感动、热情。

④悬念式

每个人都怀有强烈的好奇心，并且喜欢刨根问底。在拟定标题的时候适当地设置一些悬念，巧妙地诱发用户的求知欲望，就会使他们不读不快。比如《99%的人不懂洗头发的正确顺序》《你的拖延症为什么屡治不愈？》

⑤八卦式

在这个人人都爱八卦的年代，那些八卦话题往往能够准确地挠中人们身上的"痒痒肉"。因此，标题中不妨添加一些爆炸性的料，以此来引发人们探究的欲望。

2013 年，网络上流行用戏谑的语言来诠释经典电视剧，比如《自强不息！无指少年科技创新搞发明——机器猫》《身残志坚，靠植入钢板的手臂飞出一片天——铁臂阿童木》《两少年人穷志不短，仅着内裤环游世界——海尔兄弟》，可谓是"标题党"的典范。当然，我们并不是鼓励用过于夸张的词汇来哗众取宠，而是要在客观的前提下，将标题写得令人耳目一新。

2. 内容写作的方法

微信营销的关键在于有价值的内容。如果微信所传递的内容能够为用户带来帮助、使他们受益、产生情感共鸣，他们自然而然就会产生转发、分享、传播的主动性和积极性。因此，微信应该写什么、怎么写，必须要经过深思熟虑。

微信内容写作首先应充分考虑到企业文化、产品特点、行业特点、用户习惯等，除此之外，还要讲究方式方法。

（1）情感真挚，方能动人

微信内容是一个企业的文化乃至一个人人格的一种折射。如果微信内容能够展现丰富的感情、展现对人性的关怀，用户也会受到感染。因此，情感一定要真挚、诚恳，只有真正打动人心的东西，才能得到更广泛的传播。

（2）体现创意，莫要千篇一律

人们已经看多了千篇一律的东西，你再去推送一些同样的信息，只会令他们心生厌烦。因此，在构思微信内容的过程中，一定要花时间去思考，让它更有创意。当然，创意与新意总是有限的，不过，你至少应该做到，让你的微信公众账号与别人的区别开来。比如，推送的微信内容可以自成体系，在内容倾向、报道方式上形成鲜明的特点，并长期保持这种与众不同的特点，给用户一种清晰、直观的感受，让他们在众多微信公众账号中，一眼就能区分出你的微信公众账号。

那些总是让用户感觉微信内容似曾相识的公众账号，人们通常不会买账。因为关注一个就足够了，不必重复接收类似的消息。而创意与个性却意味着无法取代。

（3）把故事讲好，也是一种技巧

同样一件事，如果用专业性的语言干巴巴地讲述，人们往往会感觉像"天书"一样，连听都不愿意听。但如果通过一个故事来展现，人们可能就会听得津津有味。故事是有趣的，而且容易理解，因此，用户才愿意从自己宝贵的时间里抽出一两分钟来听这个故事。用令人感动的、幽默诙谐的故事来充实你的微信内容，让用户在阅读的时候融入其中，就会在潜移默化间接受产品的信息。

前文曾经提到在微信朋友圈广为流传的《我为什么要辞职去卖肉夹馍》的文章，就是通过讲述一个大学毕业后到北京来北漂、就职于互联网企业的IT男，是如何下定决心辞掉令人羡慕的工作、创业开店卖肉夹馍的故事，来打动人们的心，从而达到良好的传播效果。人都是感情动物，如果故事写得有血有肉、真实感人，当然能够吸引广大的用户。

（4）内容娱乐化，展现娱乐精神

娱乐，是吸引微信用户关注的一个关键因素，对于微信内容来说也是如此。内容娱乐化，也就是把原本单调、枯燥的微信内容转化为用户喜闻乐见的形式，让用户通过阅读感受到娱乐价值，在娱乐的同时，把品牌信息不知不觉地植入他们心中。

内容娱乐化之所以能够实现这一点，是因为用户处于愉悦、轻松的心态时，会自然而然放下戒备心、不设防，品牌信息就能"随风潜入夜，润物细无声"。

内容娱乐化需要注意三点：首先，不能只是为了娱乐而娱乐，内容一定要与你的主题一致或相关，否则即使传播度高，也不会对你微信公众账号的推广有什么助益；其次，娱乐要有度，一定要把握分寸，不要过火；最后，娱乐化传播的同时，也应注意与用户的互动，互动才能加深用户对产品或品牌的了解。

（5）图文并茂，增加可读性

微信公众账号支持文字、图片、语音、视频等多种方式的信息，在写作的过程中，一定要注意图文并茂，增加可读性。如果微信内容全是文字或全是图片，用户看了肯定会觉得单一、无趣。配图或配上语音、视频不但是吸引用户阅读微信的一个好方法，同时也可以对文字内容作进一步阐述，使之更加清晰、明了。

（6）让用户参与到内容创作的过程中

最好的内容来源于用户。鼓励用户与微信公众账号进行互动，把互动中产生的一些经典评论发布出来，或者发布那些积极分享内容并带来巨大传播率的用户的文章、图片、视频。这既能对这些用户进行奖励，提高他们的忠诚度，也能对其他用户产生良性的刺激作用，使他们更加踊跃地参与到互动中来。

很多时候，不是微信内容不好创作，问题在于你缺乏一双善于发现的眼睛。只要你善于发现亮点，并将这些亮点在微信内容中体现出来，俘获用户的心就不是一件难事。

3.信息内容的四种优化形式

微信内容通常有四种形式：文字、图片、语音、视频。如何对这四种信息内容进行优化，使其更具吸引力？

（1）文字优化

自古以来，文字就是一种重要的信息载体，现在，文字也依然是微信内容最为常用的一种表现形式。我们所阅读的文章，虽然可能会配以图片、视频，但最核心的部分还是文字。

对文字信息的优化应该从以下几个方面来入手：

①文字信息应该是真实可信的

有些人在发布信息的时候，为了吸引眼球，会写一些不符合实际情况，甚至是伪造的内容，这只会让用户认为是一种恶意欺骗，从而产生不信任感。任何时候，都不要为了获取更多关注，而失去最本质的东西。

②巧妙使用问号、感叹号等标点符号

在文字信息中，表达情感的方式就是使用问号、感叹号等标点符号。比如，使用问号代表你在询问用户，使用感叹号则可以表示强调、惊讶、兴奋、感慨等感情。适当地使用标点符号，能更好地激发用户的兴趣。

③条理清晰

文字信息非常讲究逻辑性，因此，在写作的时候应该确保条理性。比如，你可以将信息的段落按照重要性或顺序来依次排列，每一段开头或结尾可以对这一段的主题进行提炼、总结，让用户读起来更省时省力。

④多使用短句子

如今生活节奏越来越快，人们都已经习惯了快餐式的阅读方式，而不习惯烦琐、啰唆的表达方式。因此，文字信息最好多使用便于阅读和理解的短句子。而且，通篇不要有太多的废话，尽量言简意赅，内容紧凑，能做到"多一字则多，少一字则少"是最好的。

（2）图片优化

一幅生动、真实的图片，胜过千言万语。图片往往能够传递出更直观的信息，也能直接击中人心，更快地被用户接受。

对图片进行优化的关键在于以下两点：

①配以适当的文字说明

俗话说，一千个人眼里有一千个哈姆雷特。同样，同一幅图片，在不同人的眼里，会理解成不同的含义。因此，在发布图片信息的时候，应该配以适当的文字说明，对用户进行引导，避免他们误会了图片所要传达的真实意图。

②大小要进行控制

图片如果过大的话，就会耗费大量的流量，用户自然不愿意打开了。因此，对图片的大小一定要进行控制，使其在确保清晰的前提之下，尽可能节省流量。除此之外，图片还应该对移动设备的屏幕自适应，以便于阅读。

（3）语音优化

语音信息使微信公众账号能够通过语音来与用户进行更直接、生动地交流。现在，这种信息形式已经越来越成为一种时尚。

对语音进行优化，要注意以下两方面：

①确保语音清晰度

如果语音质量不佳，令用户难以听清，传播效果就自然会大打折扣。因此，推送语音信息最重要的一点，就是要确保语音的清晰度，最好使用专业设备来录制。

②配以适当的语气

语音相对文字来说，一个明显的优势就在于，它能够让对方感受到说话者的语气与感情，从而更准确理解信息的含义。在推送语音信息的时候，要利用好这一优势，充分运用语气、语音、语调，尽量不要发出一些无意义的语气词，比如嗯、啊、哼之类的。

（4）视频优化

视频是语音与图片的结合体，而且它能够动态传播信息。因此，在同一时间，能够传播更多、更准确的信息，用户接受度会更高。

视频优化有以下两大关键点：

①视频标题要吸引观众

在打开视频之前，谁也无法获知这段视频的主题是什么。用户判断自己是否应该观看这段视频的第一个途径，就是视频标题。因此，视频标题一定要亮眼、吸引人。但切不可为了吸引眼球而言过其实、夸大其词。否则，用户观看视频后发现内容与标题不符，就会对你产生反感。

②视频说明要留下想象空间

视频说明是用户了解视频内容的第二个途径。因此，视频说明应清楚地讲述视频的主题，以便于用户做出判断。但是，话不可尽说，应该设置期望，给用户留下一个想象的空间，激发他们观看视频的热情和兴趣。

第四章

微信公众账号
的推广与运营

第一节 微信公众账号的四大运营法则

微信营销是否能够取得良好的效果，关键在于微信公众账号的运营是否成功。微信公众账号的运营虽然看起来非常简单，实际上却蕴含着大学问，好与不好有着天壤之别。有些企业投入大量人力、物力、财力运营了几个月甚至几年，订阅者依然少得可怜，完全不能创造任何价值。有些企业却能够在很短的时间里得到几万、十几万用户的关注，使其成为企业推广、宣传自己的最佳平台。这是为什么？微信公众账号到底如何运营才能事半功倍？微信公众账号的运营有哪些基本的原则，又有哪些规律可循？

其实，虽然各行各业、不同规模的企业在运营微信公众账号的时候，存在着一些行业性、地域性乃至规模性的差异，但它们之间总是有一些共同之处。这就是微信公众账号运营的基本法则。

1.挖掘精准用户

很多微信公众账号最为关注的是订阅者的数量，其实这是一个误区。订阅者数量的增加并不能说明什么，因为大家都知道，无论是微博粉丝还是微信订阅者，都可以花钱购买。你可以投入巨资买来几十万甚至几百万"僵尸粉"，又有什么意义呢？他们并不能为你创造价值。

因此，比起订阅者的数量，订阅者的质量才更为重要。有人曾经说过，"一千个微信粉丝大于十万个微博粉丝",因为微信的特点就在于高用户黏性与强关系，所以，我们在运营微信公众账号时，不要盲目追求数量，而应该努力挖掘精准用户，提高有效订阅者的数量。

那么，什么样的订阅者才算是精准用户呢？

（1）企业固有的老用户

那些追随企业多年的老用户，已经与企业建立起一种持久的信任关系，对企业的忠诚度很高。这部分老用户，是企业的一笔无形的资产。把他们发展为微信公众账号的订阅者，不但成本低，而且也为企业维护老客户提供了一种全新的、更便捷的途径。因此，企业在运营微信公众账号的时候，首先要做的一件事，就是老用户的转化。

（2）目标消费者

任何一个企业，都有自己的目标消费群体，这部分人是最有可能为企业带来利润的。因此，在运营微信公众账号的时候，一定不能忽视对这部分用户的挖掘。其实，很多企业在采用传统方式来推广、宣传自己的产品时，针对的主要对象就是目标消费者。只不过，现在我们要思考的问题不是怎样让他们通过广告、海报等购买产品，而是如何让他们关注微信公众账号。为了吸引更多的目标消费者成为我们的订阅者，可以策划一些活动或推送一些特色信息，将他们引导到公众账号上来。

比如，一个快餐类餐饮企业的目标消费者是周围几栋写字楼里的白领。为了吸引这部分人的关注，其微信公众账号里除了餐馆介绍、菜式介绍、微信订餐等常规模块之外，还每天实时更新区域里的交通路况、新鲜事、天气预报，并且推出了微信优惠套餐。只要用户把这个店的微信公众账号推荐给其他朋友，就可以免费获得一份微信套餐。通过这样的方式，这个餐馆吸引了周围的很多白领。这个微信公众账号的订阅者数量虽然不算多，但是每一个都非常精准——90%的人经常到餐馆里消费，而且每天订阅者都在稳定增长。

因此，订阅者多不多并不重要，重要的是互动率与转换率高不高。而精准的用户，才能带来高互动率与高转换率。

2. 增加用户信任度

品牌之所以能够成为品牌，是因为在它背后有成千上万用户关系的支撑。而让用户死心塌地地追随这个品牌的原因，就在于他们信任它，微信公众账号也是如此。一个微信公众账号是否能成功，最关键的因素在于订阅者是否对它有着足够的信任。

因此，增加用户信任度，也是微信公众账号的一个重要运营法则。

（1）有价值的内容有利于订阅者信任度的提升

我们已经无数次强调"有价值的内容"在微信营销中的重要性。事实上，它对提高订阅者的信任度也有着巨大的影响。因为订阅者之所以订阅某个微信公众账号，其出发点就是获取能为自己所用的信息。能够满足他们这一需求的微信公众账号，自然会得到他们的认可。并且，提供的信息越有价值，他们的信任度就会越高。

（2）让用户认同"物有所值"

很多企业把"打折""促销"当成是吸引消费者的唯一手段。在运营微信公众账号时，他们也如法炮制，认为推送优惠、折扣信息，就能获得更多的订阅者，就能使人们更信任自己。其实，这是大错特错的。虽然消费者对于"打折""促销"都是喜闻乐见的，但当一个企业永远都在打折时，他们就会对这个企业的价值进行重新评估，并认为它的品牌已经贬值了，一部分忠诚用户就会离它而去。培养信任度高的订阅者，不能一味推送优惠信息，还要通过各种方式来让他们明白，企业的品牌与产品始终是"物有所值"的。只有这样，才能真正获取他们的信任，也才能真正培养出"忠诚用户群"。

（3）重视订阅者的体验

在微信公众账号的内容、模块、栏目及功能设置上，都要充分考虑到订阅者的需求，使他们获得更为便利、舒适的体验。让订阅者满意了，他们才会认为这是一个值得信任、值得关注的公众账号，并用持久的关注来回报你。

信任，才会产生购买。而信任这种强关系的建立，并不是一蹴而成的事情，需要长期的努力与积累。所以，千万不要操之过急，脚踏实地、一步步提高用户信任度，才能使这种信任关系更加稳固。

3. 保证功能完善性

在移动互联网时代，几乎所有在互联网上能完成的事情，在移动客户端上都能做到，比如网银转账、订餐。我们运营微信公众账号的时候，也要尽可能地保证功能的完善性，使订阅者通过这个平台就能完成查询、购买、咨询等各种行为。

保证功能的完善性，可以从以下几个方面入手：

（1）对目标用户群进行分析，了解他们的需求

目标用户需要什么，就为他们提供什么。比如，电子商务网站的微信公众账号上有比价的功能，商务酒店的微信公众账号上有订机票、火车票的功能，新闻咨询类的微信公众账号上有翻译的功能，等等。有需求，才有改进的空间与动力。

（2）功能操作越简单、越实用越好

为什么傻瓜相机发明以后，很快就流行了起来？因为它简单、容易操作、没有门槛。每个人都有惰性，会自然而然地对那些复杂的事情避而远之。因此，我们在操作上要努力为他们提供最简单的方式，能点击一个按钮完成的任务，就不要让订阅者点击第二次。

(3) 功能完善应该是循序渐进的

不要奢求一开始就把所有的功能都做到位，这需要投入大量的人力、物力、财力，对于中小型企业来说会是一个不小的负担。最好的做法是循序渐进，根据用户的需求不断添加新功能。通常来说，大部分微信公众账号都是从天气预报、查询、翻译等功能出发，然后听取用户的反馈，对平台的其他功能进行不断补充、完善。

(4) 打通更高层次的技术接口

微信公众平台开放了9大高级接口，通过建设银行的微信公众账号能查询余额，通过如家快捷酒店的微信公众账号能预订房间，就是因为他们充分利用了这些高级接口。如果条件允许的话，微信公众账号应该打通所有的技术接口。

功能全面的微信公众账号，将会成为企业的一个全能App，既可以培养用户，也可以维系用户关系，也可以进行品牌展示，也可以进行产品推广，也可以促进销售，还可以调查市场。只有这样，才能实现营销的最大价值化。

4. 运营要有计划性

很多人在运营微信公众账号的时候非常盲目，今天想起来搞个"分享有奖"活动，明天觉得应该到人流密集区发放传单……可谓"想起一出是一出"，一点儿套路都没有。俗话说，凡事预则立，不预则废。运营微信公众账号也要有计划性，不能冲动行事。

所谓的"计划性"，就是要按部就班进行微信公众账号的平台搭建、内容完善、阶段性目标策划与执行。对于每一步，都应该列出一个明确的时间表。对于每一步所应达到的目标，也应该制定一个切实可行的评估标准。一般来说，企业可以根据自身的实际情况来设置具体的阶段性节点。比如，如何将老用户转化为订阅者，如何开展推广活动，开展什么样的推广活动等，都是需要考虑的。

有计划并按照计划一步步去做，才能使运营做到有的放矢，也才能使后期的推广、宣传事半功倍。

总而言之，微信运营就是与用户之间建立起一种强关系，让订阅者信任你、依赖你、离不开你，有需求的时候还会主动来找你。无论是内容建设、功能完善还是后期的推广，都基于这个前提。

微信公众账号的运营不是头脑一热，更不要妄想一口吃个胖子。脚踏实地，把各方面都做好，才能让你的微信公众账号受到更多高质量订阅者的青睐。

第二节 利用订阅号，提供更多增值服务

1.订阅号的本质是展示企业形象

"订阅"是一种由来已久的阅读方式，在传统媒体时代，人们就已经采用了这种阅读方式。微信订阅号是对这种方式的一种延伸：用户只要关注了某个订阅号，就可以获得它所提供的内容服务。

那么，企业为什么要通过订阅号来提供内容服务呢？这就要从订阅号的本质开始说起。企业之所以希望更多的人关注自己的订阅号，是因为用户的"订阅"使企业获得了一个与用户进行直接交流的渠道。企业可以通过推送文字、图片、语音、视频等形式多样、丰富多彩的信息来展示企业的形象，从而获得更多的用户，将用户转化为目标消费者，由此获得一定的收益。

因此，从本质上来说，订阅号就是企业展示自己的平台。打个形象的比方，就是一个企业为了展示自己举办了一场精彩绝伦的演出，吸引大家来观看，而订阅号就是"舞台"。人们是否愿意驻足观看这场演出，归根结底要取决于这场演出是不是好看。同样，订阅号是否会得到更多人的关注，也取决于每天所推送的信息是不是优质的。

只有为用户提供高质量的内容服务，订阅号才能吸引更多的用户，企业形象才能得到更多人的认可。人们的时间都很稀缺，不会有人愿意花自己宝贵的时间来阅读一些毫无价值的内容。如果一个订阅号每天只是推送一些没有价值的信息，恐怕只会促使人做出"取消关注"的决定。

2. 订阅号的三大价值

订阅号的优势在于：通过每天推送信息与用户进行交流、沟通，从而帮助企业与用户之间建立起一种互信、良性的互动关系，把用户对企业的好感与关注转化成为实实在在的、能产生收益的购买行为，并诱发用户进行高频率的消费。

之所以具有传统的宣传、推广方式所不及的优势，是因为订阅号拥有以下三大价值：

（1）降低获取用户的成本

现在，伴随着网络上各种业态的竞争愈演愈烈，企业在进行互联网营销的时候，获取用户的成本已经越来越昂贵了。比如微博营销，企业需要通过购买粉丝头条、转发送礼、热门账号撰写软文等多种方式来获取粉丝，花费不菲，收益却不高。

而微信订阅号则可以通过订阅模式来锁定目标用户——凡是愿意关注这个订阅号的用户，肯定是对它有一定的好奇、好感，对品牌或产品的接受度也高于其他人。然后通过"体验式感受"来降低用户的购买风险，最终激发起他们尝试购买的想法与热情。有的放矢，引导为主，自然能大幅降低获取用户的成本。

（2）降低用户转移频率

在当今社会，产品的同质化越来越严重，用户的转移频率也越来越高。比如同样是看新闻，最初人们都是通过看电视、看报纸来"足不出户知天下"的，互联网飞速发展却改变了这一点，人们开始通过浏览各类新闻网站来了解时事。

但新闻类的网站多如牛毛，有人今天看新浪新闻，明天可能会看网易新闻，后天可能又会去看搜狐新闻……然而，企业却希望，用户能够形成长期的消费惯性，对于自己的品牌或产品保持忠诚。订阅号恰好能够满足企业的这一需求，因为订阅具备一定的频率，有周期性，有利于帮助用户培养定期消费的习惯，并能通过这个过程把潜在用户转化为新用户，把新用户培养成为老用户，把老用户发展成为忠实用户，让忠实用户持续为企业贡献利润。

（3）更好地掌握用户行为

大部分网络用户的购买行为都存在不确定性，他们在购物时往往是非常随意的，很难形成固定的购买频率，因此企业很难掌握他们的偏好、习惯。无法掌握用户行为，就不能深入挖掘用户的购买潜力，不能通过他们来影响更多的潜在客户。而订阅号的信息推送频率却是固定的，通过这种模式，企业不仅能对用户的购买行为进行追踪、把握，还能获得用户许可营销的"准入证"，向用户及时发布一些新品、优惠、折扣信息，并通过用户的分享渗透到他们的人际关系网络中，让"粉丝的粉丝"也成为自己的目标客户。

3.如何让增值服务更到位

对于微信用户来说，选择是无穷无尽的。如果一个订阅号不能提供更多、更好的服务，久而久之，很多用户就会取消关注。用户是微信公众账号最为宝贵的资源，因此，订阅号一定要在为用户创造更多增值服务上多花心思、多投入。只有这样，才能保住更多的忠诚用户。

怎样才能让增值服务更到位呢？可以从以下几方面入手：

（1）倾听用户的需求

很多订阅号只知道一味向用户推销自己的产品和服务，却对用户的真正需求毫无所知，甚至视而不见。一个连用户的需求都不在乎的订阅号，用户只会迅速流失。认真倾听用户的声音，发现他们的真正需求，才能创造出更多人性化、备受欢迎的增值服务。

（2）解决用户的问题

用户的问题中蕴藏着巨大的商机，用户抱怨什么，你就增加哪方面的增值服务。对症下药，才能抓住主要矛盾，这样的增值服务才是用户最需要的、最有用的。

（3）提供更轻松的交易渠道

用户总是害怕要经过烦琐、复杂的流程才能完成交易，为了避免这种麻烦，他们甚至可能直接放弃交易。因此，在订阅号中要尽可能为用户提供更轻松的交易渠道，减少交易程序、降低交易成本、节约交易时间。有时，简单比低价对用户来说更有吸引力。

（4）缩短交易时间

时间是宝贵的，在如今这个一切以速度为重的时代，人们对于时间的重视程度更甚。因此，企业一定要珍惜和重视用户的时间，让用户在最短的时间就能完成阅读、交易等行为，这更容易得到用户的认同。

（5）提供相关的资讯

为用户提供更多与产品和服务相关的资讯，在潜移默化中教育用户，让他们形成对于产品的依赖与信任，这是最具长远效益的增值服务。

作为一个新闻类的订阅号，"央视新闻"的订阅数和活跃度都名列前茅。这很大程度上归因于它所提供的到位的增值服务。

首先，推送频道最为优质的新闻资讯。"央视新闻"最先向订阅者推送的是央视主持人口播的独家语音信息、视频信息，后来又对这些信息进行完善，最终形成了现在的"早晚推送精品新闻图文视频专题、随时推送突发重大新闻、图文并茂、多媒体互相搭配"的推送模式。在信息选择上，也煞费苦心：通常搭配一条重大新闻、一条独家报道、一条民生新闻、一条网络热门话题。对新闻的质量进行严格把控，确保每一条都是精品。

其次，与电视节目形成互动，线上线下互相结合。伴随着互联网的火热发展，电视媒体流失了相当一部分的受众。而微信公众账号与电视节目相结合，反而有效地激活了这些受众，使那些习惯于从订阅号上获取新闻但又希望挖掘深度信息的人又坐到了电视面前。线上线下的结合，不仅弥补了电视节目互动性不足的缺陷，而且也拉动了订阅号用户数量的增长。

再次，提高了突发新闻的报道时效。电视节目擅长深度挖掘，但在新闻报道上缺乏时效性。很多时候，等到一条突发新闻在互联网上成了旧闻，电视才展开报道，已经没有多少人关注了。而微信订阅号却能弥补这个不足，能够在最短的时间里对突发新闻进行简单报道，之后，电视节目再以专题的形式进行详细报道。比如"4·20"芦山地震发生时，"央视新闻"的微信公众账号于8点16分发出了关于地震的第一条报道，是所有媒体微信公众账号中最快的。

最后，将公众账号与客户端打通。订阅号推送的信息不能太大，否则就会给用户带来极大的信息负担，甚至造成干扰。而新闻客户端能承载的信息量却大得多。"央视新闻"将公众账号与客户端打通，如果订阅者通过公众账号看到了感兴趣的信息可以点击链接转入新闻客户端进行详细了解。

归根结底，订阅号所提供的增值服务，实际上是一种创新式、个性化的服务，是对内容服务的补充与完善，也是区别于自己与其他订阅号的关键。但要注意的是，增值服务一定要与推送的信息相关，不能为了完成营销任务而一味地走另类之路，否则只会适得其反。

4. 运营订阅号的 4E 原则

订阅号每天都可以推送信息，因此，它的运营有一个重要的原则，那就是内容取胜。它与用户之间的互动，也是以内容为基础的。要打造一个优质的微信订阅号，一定要重视内容的推送。具体来说，就是要做到以下4个"E"：

（1）Exact——信息量要精准，少即是多

很多企业开设订阅号，目的在于弥补服务号每月只能推送一条信息的不足，而订阅号每天一条的推送量显然能够传递更多的信息。于是，在推送信息的时候，一些订阅号总是贪多，总想把所有话都一股脑儿地灌输给用户。其实，用户所关注的信息总是有限的，过多的无关信息只会被他们视为"信息垃圾"，当他们认为自己受到了打扰的时候，就会毫不犹豫地取消关注。因此，每条信息所传递的信息量要精准，有时"少即是多"——话不必说得太多，如果每句都说到点子上，人们更愿意接受。

（2）Echo——重视时效性，越快越好

伴随着互联网的发展，信息传递的速度越来越快，如今的自媒体模式更是将传统媒体的信息制作流程彻底颠覆：随时随地都能发布信息，不必经过审查，也没有出版时间的限制。而订阅号也可以被视为是企业的一个自媒体平台，它在推送信息的时候也要重视时效性，使信息尽可能与当下的社会热点话题相贴合，因为人们往往更关注新鲜的事件，而对过时的信息不感兴趣。

（3）Easy——栏目不必过多，版式要简单明了

订阅号在推送信息的时候，版式一定要简单明了，不要过于烦琐。一条信息中最多包含三篇文章，文章的字数也不宜过多，最好能让人们短、平、快地进行阅读。每篇文章都要配上一两句精炼的导读，方便用户了解文章的主题。配图以每文一图为宜，太多的图片会消耗大量的流量，用户很可能会因此选择不打开信息阅读。

（4）Enjoyment——内容要有可读性，能引发阅读兴趣

订阅号推送的信息要有一定的可读性，总是干巴巴地介绍，用户可能很快就会取消关注。毕竟，人们都喜欢有趣的人和事，喜欢听有趣的故事，尤其是查阅订阅信息的时候通常是在一些零散的、心情比较放松的时间。因此，内容一定要确保可读性，能引人入胜最好。

获取一个用户是很难的，但失去一个用户却非常容易。因此，在订阅号的运营过程中，对于推送信息的质量一定要重视、重视、再重视。只有持续不断地为用户提供他们关注的信息，订阅号的运营才能成功、有效。

第三节 利用服务号，实现个性化服务

1. 服务号的五大优势

对于企业来说，客户是提升市场竞争力，以及保证收入持续增长的源泉，只有了解客户需求，保证客户满意度，实现客户价值最大化，才能转化和留住客户。微信服务号的存在也是基于这一前提。

随着微信的发展，微信服务号已成为一种全新的客户服务方式。它综合了电话客服、邮件客服、视频客服等功能，能够为用户提供更个性化、更人性化的服务，而且还能随时根据客户需求的变化来调整服务方式，从而使企业的品牌深入人心。

具体来说，服务号的优势在于以下几个方面：

（1）提高客户满意度

客户通过朋友介绍、推广活动、企业宣传等方式关注企业的服务号，首先代表他认同这个企业的品牌，对企业产品或服务有一种心理预期。如果企业通过微信服务号向这些客户展现出产品的优势、为客户提供周到的服务，从而满足客户的心理预期，客户自然会对企业的产品或服务非常满意。如果服务号提供的服务能够持续不断地符合或超出客户的心理期望，这种满意就会逐渐转化

为忠诚与信任。

（2）获取客户反馈信息

客户可以通过服务号留言的方式，来反馈自己的意见与建议。这样，客户的反馈信息在第一时间就会被收集起来，对这些反馈信息进行分析、总结，有利于企业及时发现自己的问题所在并改进，从而为客户提供更好的产品与服务。

（3）客户管理

在前面的章节里，我们提到，微信的一个重要功能就是 CRM 平台，而服务号则是微信作为 CRM 平台发挥作用的一个主要工具。服务号的客户管理可以通过以下三种方式来进行：

第一，通过设置自定义回复、关键词搜索等方式，来及时解答客户的问题、为客户提供帮助。

第二，通过推送信息的方式，来进行市场调查、了解客户的需求变化、征询客户意见。

第三，将客户的各种行为进行记录，并及时反馈到客服部门。

（4）实现口碑传播

服务号为客户提供的服务是无形的，很难进行评估，服务感受是人们的一种主观感受。如果客户觉得自己得到了贴心、周到的服务，就会主动成为企业的免费推广员，向自己的亲朋好友推广这个服务号。一旦形成口碑传播，企业形象就会得到极大的提升，知名度也会大大提高。

（5）提高企业的竞争优势

利用微信服务号为客户提供有价值的服务，做好售前咨询、售后服务工作，全面提升服务水平与服务质量，使客户从这里得到高度满足，客户自然会对你产生一种依赖，他们被竞争对手"挖走"的可能性也会大大降低，你在竞争中就会有更大的优势。你与客户之间的关系越紧密、越互信，你的竞争优势就越大。

2. 服务号的应用方式

从本质上来说，微信服务号其实就是一个"掌上客服中心"。为了提高客服质量，很多企业都会投入巨资建设呼叫中心，而服务号却能够以很低的成本为企业建立起一个高效的智能客服系统：微信的一对一对话和自定义回复，使服务号能够实现类似短信营业厅的自助服务业务。语音对讲、语音留言等功能，又能帮助服务号实现类似电话中心的呼叫中心业务。好友分组功能，可以帮助服务号提供基于不同分组的差异化服务。这些功能都决定了服务号在客户服务领域所具备的独特优势。

作为"掌上客服中心"，服务号的应用方式是多种多样的。

（1）信息查询平台

信息查询平台利用的是微信的自定义菜单、关键词回复功能，只要设置好了关键词及基本流程，客户就可以通过服务号自主进行公共信息的查询，如产品列表、产品价格、优惠活动、门店地址、折扣信息等。比如进入"华润五彩城"的服务号，就可以查询如何到达、楼层导览、品牌导购、最新活动、促销优惠等。在此之前，客户想要了解这些信息只能打电话来咨询，而现在，服务号已经成功接管了这一部分业务。

服务号作为信息查询平台，能够极大降低为客户提供常规问题咨询所耗费的人、财、物成本，还能提高服务效率，使客户在第一时间获取自己想了解的信息。

做好信息查询平台的关键在于把握客户的服务需求。企业可以通过客户反馈来了解客户的服务需求，然后把这些服务需求全部列出来，再根据这些需求来设置相应的自动回复。

客户的服务需求可以分为两种：主动型与被动型。两种类型的需求所包含的具体内容如下表所示：

需求类型	具体内容
主动型需求	查物流、换货、退货、投诉、玩游戏
被动型需求	促销提醒、物价提醒、发货提醒、签收提醒、上新提醒、补货提醒、生日提醒、优惠券到期提醒

需要注意的是，主动型需求通常不必担心会对客户造成骚扰，而是为客户提供服务的一个绝佳机会。而被动型需求则要谨慎得多，要尽可能避免对客户造成打扰，尤其不能对他们进行信息轰炸，可以把一部分主动权交给客户，让他们自主选择是否收取这些提醒。

（2）自助服务中心

利用微信的开放接口，企业的服务号可以与IT系统打通，让客户通过微信就可以完成查询积分、办理会员卡、获取优惠券、手机充值、生活缴费、订单支付、订单跟踪、查询业务受理状态、兑换礼品等自助服务。比如进入中国银行的微信服务号界面，就可以自助使用金融工具、查询银行卡信息、下载应用、查询周边服务等，都是服务号在履行"自助服务中心"的职责。这不但能够使线上服务更加完善，而且还有效地减轻了线下服务人员的负担，提高了企业运转效率，降低了服务成本。

（3）活动互动平台

服务号作为活动互动平台，可以开展两类活动，一是微信会员尊享活动，其主要目的在于留住老客户、提高客户活跃度，增强客户黏性；二是在举办常规现场活动时作为活动推广的一个途径，其主要目的在于吸引新客户，拓展客户数量。

除了这两类活动之外，服务号还可以长期为客户提供互动游戏，如大转盘、刮刮卡、找茬、拼图等，使营销活动更具趣味性。这类互动游戏应尽可能简单、好玩，但要注意的一点是，客户通常不会对这类游戏保持长时间的兴趣，因此要及时更换。

（4）市场调研渠道

微信的一大特点在于，能够使公众账号与客户实现一对一的交流、互动。这种互动是双向的、平等的、私密的，从而确保信息能及时传达且不被传播。企业可以利用这一渠道，对目标消费者进行各种市场调研，如需求调查、满意度调查、服务回访等。

（5）受理类业务平台

传统客服所服务的对象通常都是曾经购买过企业产品或服务的既有消费者，或者是有了解产品需求的潜在消费者。同样，服务号所服务的对象也主要是这两种消费群体。对于那些既有消费者，服务号可以为他们提供基本的受理类业务，如产品维护、保修、预订等。

（6）特色的人工服务

服务号可以设定一个人性化的角色，用人工语音与客户进行交流，使客户感受到独特的企业文化。比如绿淘网的服务号就化身为"小淘""恭候主人"，使关注它的客户感到更加亲和、有趣。

3.服务流程的设计与改进

微信之所以要把公众账号划分为"订阅号"与"服务号"，初衷就是为企业提供一种客户服务的便捷方式，让任何人、任何企业都能通过微信来提供服务。"微信之父"张小龙对服务号的诠释也说明了这一点："我们希望在微信这样一个通信平台上，能生长出各种各样的有价值的服务。"

为了给客户提供更优质、更满意的服务，企业需要为服务号设计一个规范的服务流程，对服务项目、服务活动进行系统化的、全方位的安排与管理。要做到这一点，可以从以下几个方面做起：

（1）锁定客户，了解客户期望

什么样的服务才是最受客户欢迎的？当然是站在客户的角度、充分为客户考虑的服务。要提供这样的贴心服务，首先应该锁定客户，知道你所服务的是哪个群体、有什么特点。其次应该了解客户的期望，知道他们希望获得哪方面的服务。只有这样，才能保证服务的每个环节、每个步骤都能令客户满意。

（2）站在客户的角度，精心设计服务流程

服务是一个系列性的过程，是由各个环节组成的。要想使每个环节都按部就班地进行，尽量不出或少出纰漏，就一定要为服务设计一个完善的流程。在实际操作过程中，只要按照这个流程来一步步执行，就能使服务到位。

在设计服务流程的时候，要站在客户的角度，将客户的体验、需求、偏好、特点等纳入考虑的范围，使服务流程更加人性化。为了提高服务质量，还要制定服务的标准规范。但这些标准规范并非绝对不能改变，在执行时还需企业灵活把握，变通地进行应用。

（3）充分重视"关键时刻"

"关键时刻"是一个服务管理方面的专业术语，指的是客户在做出决定或投入情感的重要时刻，比如客户进行产品咨询的时刻、客户做出购买决定的时刻、客户抱怨的时刻、客户填写调查问卷的时刻，等等。大部分人都是根据"关键时刻"的体验来对企业的服务质量、服务水平及产品质量做出评价的。这些重要时刻的体验与感受，还会形成客户对企业、对产品的最终印象。企业信誉、企业形象及品牌知名度往往形成于这些时刻。

因此，在设计服务号的服务流程时，一定要充分重视这些"关键时刻"，将这些"关键时刻"的服务标准尽可能提高。

（4）处理客户投诉是重中之重

每个企业都希望自己的产品是完美的，能够得到所有消费者认可。然而，在这个世界上，完美是一种不可能达到的境界。有不完美，就会有客户的不满与投诉。因此，处理客户投诉也是微信服务号的一个主要职责，在设计服务流程的时候应该将其作为重中之重。

尤其需要注意的是，与其讳疾忌医、隐瞒推辞，不如主动引导、鼓励客户说出自己的不满，因为这些不满能够帮助企业找到需要改进的问题。而且，客户投诉也是给企业一个挽救的机会，此时对他们进行安抚或补偿，就可以化不满为满意。

服务流程并非设计好之后就可以高枕无忧了，市场环境、客户需求都是变化莫测的，再完善的服务流程也可能会过时。因此，企业还需要为服务号制定持续的改进措施。比如每个月进行一次客户满意度调查，让客户通过良性的渠道来提出自己的意见，了解客户的真实满意程度，找出那些影响客户满意程度的关键因素。使企业知道自己在哪些方面存在欠缺、需要完善，从而及时采取补救措施，将那些有可能会导致客户取消关注的危险因素消弭于无形。

总之，企业设计服务号的服务流程，一个最重要的原则就在于"始于客户的期望，终于客户的满意"。只有形成一个闭环的服务体系，才能使服务号真正做到为客户提供更好的服务，才能获得领先于他人的竞争优势。

4.服务号运营的四大策略

服务号每个月只能推送一条消息，微信5.0的这个改变给服务号的运营带来了巨大的难题：怎么才能利用这一月一次的机会来获得客户的肯定？怎么才能在沉寂于通讯录的几十天里得到客户的关注？怎么才能在同质化的服务号中脱颖而出？要解决这些问题需要的是策略。

(1)促销策略

服务号的运营可以与线下的促销活动相配合,用线下的火爆来促进线上的活跃,再用线上的活跃回馈线下的销售。为此,企业可以展开一些富有创意的推广、宣传活动,并指定客户必须通过服务号的途径来获得优惠,使服务号高频率地出现在客户的视野之中,并使他们认识到:服务号是能够切实为自己带来利益和好处的。只要在客户头脑中植入这样的观念,服务号的运营就不是什么难事了。

(2)品牌策略

品牌相当于产品的"名片",意味着消费者的认可和肯定。如果一个企业拥有知名品牌,那么它的服务号运营就足以事半功倍。这就是为什么工商银行、星巴克咖啡、苹果公司的服务号能在开设之初就得到不少客户关注的原因。

美国一位著名的广告专家曾经说过:"未来的营销实际上是品牌的战争。对于一个企业而言,品牌是最珍贵的资产。能够让你的企业拥有市场的途径就是率先拥有具有市场优势的品牌。"从某种角度来说,市场竞争的终极就是品牌之间的较量。拥有了品牌资产,就相当于拥有了竞争的资本。因此,努力打造品牌,为自己的产品塑造一个最能打动消费者的形象,是使服务号运营获得成功的一个重要因素。

(3)发掘需求策略

所谓"发掘需求策略",指的是通过与客户建立起积极沟通、互惠互利的关系,通过为客户提供良好的服务,来获取客户反馈的信息,发掘他们对产品、对服务的更多需求,然后根据这些需求来提供更到位的服务。发掘需求,不是单纯对客户的现实或潜在需求进行窥探,而是努力寻找他们产生这种需求的动机。

（4）沟通策略

沟通不仅是人们交流、互通有无的过程，同时也是一个创造价值的过程。在服务号运营的过程中，一定要重视沟通的价值。通过沟通，使企业文化、企业价值观、产品优势等得到有效传递，也可以在沟通中努力塑造一个个性化的形象，给客户留下深刻的印象。

除了以上几种策略之外，企业还可以利用微信所提供的丰富的、多元化的交互方式，在客户中展开"人拉人"的活动。通过发放礼品、赠送积分、互动游戏等方式来引导、鼓励客户，将企业的服务号及服务号所推送的信息推荐给自己的朋友，或者分享到朋友圈中，充分发挥口碑传播的魔力。

第五章

微信粉丝，
要挖掘，更要维系

第一节　微信粉丝从何而来

微信营销是以粉丝为基础的，如果一个微信公众账号没有粉丝，那微信营销也就无从谈起，必然会以失败而告终。因为对于企业来说，不管它所创造的产品是多么优秀，其根本目的都是要推销给用户，没有用户，企业所做的一切努力都将失去意义。因此，如何获取更多的粉丝，而且是有质量的粉丝，是每个微信运营者急需解决的一个问题。

那么，微信粉丝从何而来？仔细观察和分析那些粉丝数量名列前茅的微信公众账号，我们会发现，微信粉丝的来源主要有两个渠道：

第一，微信平台转化渠道。俗话说，近水楼台先得月。既然微信公众账号是以微信为依托的，那么，通过这个平台来进行推广，粉丝转化率相对其他渠道来说通常会高得多。微信平台的转化渠道主要有以下表中的几种类型：

渠道	优势	劣势
个人微信号直推	到达率几乎可达到100%，用户打开率约为50%，粉丝转化率0.5%左右（个人微信号如果有1000个粉丝，推送一次信息能为品牌带来5个粉丝）	成本高，粉丝质量无法保证
微信内容互推	成本低，有效利用口碑效应，用户接受度较高	如何调动起人们的分享热情是难题
微信搜索	零成本	与许多同类公众账号直接PK，无明显特色很难脱颖而出

第二，非微信平台转化渠道。善于借力者，非微信平台也能成为粉丝转化的一个重要途径。尤其是将微博、QQ等同类型社交平台的用户引流到微信上，往往能达到事半功倍的效果。非微信平台的转化渠道主要有以下表中的几种类型：

渠道	优势	劣势
微博	微博粉丝转化为微信粉丝有先天优势，数量大、难度低	转化率低，对微博账号有严格要求，须是粉丝基础雄厚的草根大号
QQ	与微信共享通讯录、转化率高、数量大	无明显缺点
网站论坛	已有网站用户群可以转化为微信粉丝	转化率低，用户忠诚度低
二维码	面向对象广泛	增长速度慢，以老用户的转化为主，新用户的推广依然困难

具体来说，每一种转化渠道又会表现出各种各样的方式，下面我们将对其进行一一介绍。

1. 利用QQ转化粉丝

如今，提起QQ几乎无人不知，几乎每台电脑的右下角，都会有一个或静静等待、或欢快跳跃的"小企鹅"。它就像是手机一样，已经成为我们与亲朋好友联络感情、洽谈工作的一个便捷的联系方式，也成了我们生活中不可或缺的一个重要组成部分。

2014年4月11日晚上21点11分，QQ同时在线用户的数量突破了2亿。这个数据充分说明，QQ的使用率有多高。有人气的地方就有财富，既然这么多人使用QQ，如果我们把这部分用户转化为微信粉丝，效果肯定超乎想象。更何况，QQ与微信都是腾讯旗下的产品，本就是"同门兄弟"，还能够共享通讯录，相对其他的渠道，转化难度低得多，转化率却高得多。

利用QQ来转化粉丝，除了将QQ好友加为微信好友之外，还可以利用QQ群、QQ空间来获取更多的粉丝。

(1) QQ 群

如今，QQ 群总数已经超过了 500 万个，对于微信运营者来说，QQ 群就像是一个亟待挖掘的大金矿，蕴含着粉丝转化的无限机会。企业如果能找到与自身相关性比较高的 QQ 群进行转化，让潜在用户群成为自己的微信粉丝，就能获取海量的粉丝。而且，QQ 账号与微信是互相打通的，通过好友邀请、发送 QQ 群邮件等途径都能将 QQ 用户批量导入微信中，用户转化几乎不需要什么成本。

通过 QQ 群来推广微信公众账号、转化粉丝，简单来说，就是在 QQ 群里打广告，让群里的用户们了解、接受企业的品牌、产品、服务等，从而使他们对这个微信公众账号产生好奇心及长期关注的欲望。

QQ 群转化粉丝的基本步骤如下：

①找到目标 QQ 群

要实现这一点，首先需要寻找目标 QQ 群，企业可以根据自身所处的行业、主营业务、经营产品、地域等，在"QQ 找群"中进行关键词搜索，从而准确定位到目标用户群。目标 QQ 群里的用户应该是对你所推送的信息及你的企业感兴趣的群，千万不要随便加群。如果你的企业是经营化妆品的，就不要去加汽车爱好者的群。也许你会认为这些人也有可能对化妆品很感兴趣，的确，这种可能性是有的，但这种"广撒网"的方法往往带来的不是"多捞鱼"，而是浪费时间做无用功。只有找到那些对你的产品真正感兴趣、有购买欲望的人，转化率才能提高。

②申请入群

定位到目标 QQ 群之后，下一步要做的就是申请加入其中。在提交申请资料的时候，你的申请理由最好与群名、群资料有一定的相关性，态度也要诚恳，避免让群主误以为你只是来发垃圾广告的。否则，你就会失去这个 QQ 群里宝贵的用户资源。

③在 QQ 群中深耕细作

加进 QQ 群以后，要谦逊、礼貌地对待群里的用户。无论是发表意见还是推广自己的微信信息都要秉承着真诚、求实的态度，让用户对你产生好感、愿意接纳你，这是让他们关注你的微信公众账号的前提。

有些人加的群多了，往往会相互混淆，这会极大地影响 QQ 群推广的效果。你应该养成几个良好的习惯：

第一，对加入的 QQ 群进行分类，因为申请入群不一定都能得到批准，因此最好建立一个文档，将你所搜集到的 QQ 群号记录下来，并在后面备注一下申请状态，比如：已加入、被拒绝等。

第二，对你所加入的 QQ 群按照相关性大小来进行编号，对最相关的 QQ 群要进行重点经营。

④制定具体的推广策略

在 QQ 群中获取微信粉丝，有很多切实可行的方法，比如：

第一，在 QQ 群中上传微信二维码。QQ 群的传图功能是一个可以重点利用的推广方式。通常，人们对于大片大片的文字会产生厌烦感，而对那些搞笑、幽默图片却更容易接受。把你的微信二维码添加到趣图中，将其发布到 QQ 群里，这样，人们在开怀一笑的同时，也会注意到你的二维码。

第二，群发邮件。群邮件是 QQ 群的一个重要功能，每一个群友都可以向其他人发送群邮件来传递信息。你可以利用这一途径来向用户推广你的微信公众账号。要注意的是，邮件的标题一定要精雕细琢，因为人们在收到邮件的时候，最先看到的是标题，大多数人都会通过标题来决定是否打开邮件。有一个具有吸引力的标题，邮件的打开率就会大大提高。

第三，群空间。有些 QQ 群的群空间活跃度比较高，用户们会踊跃地在这里分享、下载信息。你也可以在群空间上传你的推广帖子，但一定不要只发广告，这很容易会引起管理员的注意，严重时还会踢你出群。

第四，群活动。一些 QQ 群经常会举办一些群活动，这是你拓展交际圈、宣传微信公众账号的一个好机会。多参加这样的活动，与群友们迅速熟悉起来，甚至成为朋友之后，将他们转化为微信粉丝就轻而易举了。

第五，善于利用QQ群的附加功能。QQ群有很多附加功能，从营销的角度来看，都具有非常不错的推广效果。如群名和群公告，在这里发布推广信息，群友们都能看到。当然，这些功能只有群主或管理员才能使用。因此，你可以多建一些QQ群，多担任一些QQ群的管理员，从而获得使用这些功能的权限，使其为自己服务。除此之外，群内论坛、群共享等，也是推广的好地方。

（2）QQ空间

小米手机在QQ空间里只用了90秒的时间就卖出了10万部红米手机，这个经典的营销案例充分说明了QQ空间在商业方面的威力。在微信公众账号的推广方面，QQ空间也拥有无限的潜力。

那么，怎样才能让QQ空间充分发挥它的商业价值，将更多的用户转化为微信粉丝呢？

① QQ空间认证

在很大程度上，信任来源于权威性。对QQ空间进行认证，有利于提高你的权威性。现在，QQ空间开通了三种认证方式：企业认证、企业网站认证、名人认证。你可以根据自己的实际情况来选择认证方式。得到认证除了能够获得目标用户对企业的信任以外，还能享受到腾讯的一个特殊服务：腾讯会首先对这些经过认证的QQ空间进行推荐。一旦得到了腾讯的官方推荐，你的QQ空间就可能会达到几十万甚至几百万的流量。而且，当用户在QQ空间里进行搜索的时候，经过认证的QQ空间排序会优先于那些未经过认证的QQ空间。只通过这一种途径，就能为你带来数量可观的潜在用户。

② 多发表一些有价值的精品文章

QQ空间营销从本质上来说，也是一种内容营销。为了获取更多的潜在微信用户，你需要在空间里多发布一些有价值、实用的文章。你能为用户提供帮助、提供价值，他们才会不断访问你的QQ空间。文章最好是原创，自从QQ空间开通了转载功能之后，很多人都不愿意写原创日志，此时，你的原创文章就会更吸引人的眼球。你可以将你的微信公众账号的相关信息写成高质量的软文发布到QQ空间里，让其他人来转载，让他们成为你的传播载体。文章转载的次数越多，传播效果就越好。尤其要注意的是，千万不要忘了把你的微信二维码添加到文章最醒目的部分。

③善用朋友分享

分享也是QQ空间的一个非常重要的功能。当用户在空间里发现了自己感兴趣的文章，想推荐给朋友读一读的时候，只要轻轻点击一下"分享"按钮，就能成功将其分享给自己的QQ好友。你可以在你的原创文章中加入一些引导用户分享的语句，诱使用户将其分享给朋友。只要用户选择了"分享"，他的QQ好友就会随之成为你的阅读者甚至是传播者。推销专家有一个"250"法则，他认为，在每一位顾客背后，都有250名亲朋好友。只要你赢得了一个人的信赖，就意味着赢得了250个人的信赖。同样，如果你的文章被分享了一次，也就意味着它将会得到250次分享，在这250个人中，还会有其他人对其进行分享。如此，你的文章就能得到持续不断地传播，微信公众账号的推广效果也会随之被放大。

2. 利用微博转化粉丝

在微信崛起之前，微博一直是互联网营销的一个主要阵地。很多企业在微博上开通了官方账号，经过多年的经营，已经积累了不少粉丝。把这些在微博中一直对企业怀有好感，并愿意与企业展开互动、交流的忠诚粉丝引流到微信上，与他们通过微信公众账号建立起一种强关系，是企业在运营微信公众账号时必须要重视的一件事情。

事实上，对于很多微信公众账号来说，它们的第一批微信粉丝大部分都是从微博粉丝转化而来的。因此，企业应该充分认识到此前通过经营微博所积累出来的粉丝的价值。

微博粉丝转化为微信粉丝的方式是多种多样的：

（1）"按图索骥"，通过标签找粉丝

玩过微博的人都知道，人们为了展现自己的个性、寻找志同道合的朋友，通常会在微博上根据自己的性格、兴趣、爱好、学校、公司等给自己贴上各种各样的、能体现自己特点的"标签"。通过这些标签，你可以将这些用户按照地域、职业、身份、兴趣等进行分类。然后，把你的目标用户与这些不同种类的群体进行对比。如果有重合的特点，那么，这一类微博用户就属于你的目标用户，你就可以对他们进行关注。

在微博里，增加新的粉丝，系统会给用户发出提示，当用户发现你关注了他的微博之后，好奇心或许就会促使他们对你进行回访，有人还会去翻阅你的微博了解你。如果你的微博内容恰好能够引起他们的兴趣，那么，恭喜你，你又增加了一位粉丝。

在这里有一个小技巧：你可以多关注一些粉丝数量寥寥的用户。因为他们可能刚开始玩微博，渴望能够获得更多的粉丝。同时，他们也更有可能被你的关注而感动，从而关注你，成为你的粉丝。

一旦有人关注你，你就第一时间发私信给他，告诉他你的微信公众账号，请他关注从而获得更详细的信息、更完善的服务。你还需要在你的每篇微博文章中添加微信二维码，这些二维码将会成为把微博粉丝转化为微信粉丝的重要工具。

（2）主动对用户的微博进行转发与评论

不是每一个微博用户都会对自己的新粉丝进行回访，尤其是在"僵尸粉"越来越肆虐的情况下，很多人会选择对新粉丝视而不见。此时，你就需要主动出击了。时不时地转发或评论用户的微博，并尽量使评论更有价值、更有意义、更有深度。久而久之，就可能会使用户注意到你。你的行为会让用户感觉自己得到了认同与欣赏，认为你是他的同道中人，是他到处难觅的知音。当用户的心被深深打动了之后，关注你、与你互动就成了顺其自然的事情。

这种方法在操作起来很简单，但是需要耗费大量的时间。不过，只要你坚持用心去评论用户的微博，最终收到的效果将会是巨大的。等到你们建立起良性的互动关系之后，邀请他们关注你的微信公众账号，通常就不会被拒绝了。

（3）利用微博群来寻找目标用户

利用微博群来寻找目标用户，其基本方法与前文所说的通过QQ群来找到潜在用户群是一致的。微博群与QQ群一样，是一个基于共同特点或共同话题而建立起来的圈子。在这里，人们会交流信息、互通有无、进行互动。加入这些微博群之后，如果群里的用户们所关注的东西与你的企业或产品相关，那你进行微信公众账号的推广就事半功倍了。如果某个微博群的主要话题是美食，而你的目标用户就是"吃货"们，你就可以在微博群中分享一些与美食有关的信息、视频，吸引这群人关注你的微信公众账号。

（4）努力使自己成为微博群里的"舆论领袖"

所谓"舆论领袖"，指的是那些人际关系网络中最积极、最活跃的一部分人，他们经常为他人提供信息、在自己所属的群体中拥有巨大的影响力。在微博群中，通常存在着很多舆论领袖，他们是群内成员的主要信息源，他们所发表的意见总是能得到大多数人的认可。

如果你经常在微博群里提出一些用户关注的话题，经常与群内成员展开讨论、发表一些真知灼见、帮助他们解决问题，你也可能会成为一个舆论领袖。作为舆论领袖，你说的话比其他人有分量，你做的事也很容易引发"羊群效应"。此时，你邀请群内成员关注你的微信公众账号，大家就会很容易接受，甚至还会主动为你宣传。

将微博粉丝转化为微信粉丝，能够更深入地挖掘微博粉丝的价值。但值得注意的一点是，微信粉丝也可以逆向转化为微博粉丝，这两者是相辅相成的。虽然伴随着微信的发展，微信营销已经成为互联网营销的主流，但是微博营销的威力也不容忽视。把这两个平台结合起来，互相配合，互相促进，加强推广，粉丝的拓展与挖掘将会更上一个台阶。

3. 利用百度转化粉丝

在搜索引擎市场上，百度是当之无愧的老大，它所占据的市场份额超过60%，遥遥领先于其他的搜索引擎。百度每天的流量是巨大的，如果我们能够利用百度的产品来进行粉丝转化，收效肯定超乎想象。

在这里，我们重点介绍如何利用百度文库、百度经验来获取粉丝。

（1）百度文库

百度文库是百度创建的一个在线互动式文档分享平台。在这里，用户可以自由地上传、下载 WORD、PPT、PDF 等多种形式的文件，可以阅读包括教学资料、考试题库、专业资料、公文写作、法律文件等多个领域的资料。

想要利用百度文库来吸引更多的微信用户，一个最便捷、最有效的方式是在百度文库上传有价值的文档资料，把微信公众账号的有关信息及二维码嵌入到文章或 PPT 之中，从而引发那些阅读这篇文章的用户对你的微信公众账号的好奇与关注。

那么，什么样的文档才能达到更好的推广效果呢？需要注意以下几点：

①标题越实用越好

无论是百度文库，还是百度百科，几乎百度的每一个知识分享平台对于标题都有着近乎苛刻的要求。百度文库专门制定了一个《合格文档的标准》，在这个标准中，第一条就对标题进行了规定："为了便于其他用户理解，请尽量添加表述清楚、能够反映文档内容的标题。"因此，为了更好地吸引微信用户，在拟定标题的时候一定要特别注意。

首先，标题中最好不要含有广告。百度对于那些在它的地盘上免费打广告、做宣传的人是非常反感的，如果你的标题上含有赤裸裸的广告，很可能连审核都通不过。

其次，标题越实用越好。如《帮助走出拖延症困扰的十个方法》《微信运营的八个法则》《不节食就能减肥的二十个小技巧》等。这样的文章针对的是用户经常会遇到的问题，被搜索到的频率高。而且，它们能够为用户带来切实的帮助，因此往往更受用户的欢迎。

②图文并茂

什么样的文章读起来更不费力？当然是那些图文并茂的文章，这样的文章形式丰富、可读性强。因此，你在百度文库分享的文档最好不要是通篇文字，适当插入一些有趣的插图，会极大提高用户的点击率，使你的微信公众账号被更多的人获悉。除此之外，文档的字数不能过少，如果一个文档只有一两段，很可能会被百度文库视为"浑水摸鱼"之作将其打回。一般来说，一个文档以2~5页为宜。

③有效分类

在上传文档的时候，百度文库会提醒你对你的文档进行分类。很多人经常会随机选择一个分类应付了事，殊不知，他们在无形之中失去了一个获取精准目标用户的机会。推广微信公众账号，最重要的是要抓住最精准的用户，因为只有对你感兴趣的人，才会愿意关注你的微信公众账号。分类能够帮你实现这一点，比如，你的目标用户是大学生，那你就应该选择大学教育或论文类的分类。这样，你的文档才会被更多的大学生读到。

（2）百度经验

百度经验是百度推出的一个生活知识分享平台，它为用户解决的主要问题是"怎么做"，以解决实际问题为出发点和侧重点。

利用百度经验获取粉丝，可以从以下几点入手：

①以微信二维码作为百度经验的头像

每个用户在分享自己的经验的时候，都会在帖子的右侧显示其基本信息，其中最为醒目的就是用户头像了。把微信公众账号的二维码设置为百度经验的头像，这样，如果潜在用户对你所分享的经验非常认同，就可以扫描你的微信二维码关注你。这是利用百度经验获取粉丝的一个最重要的途径，一定不要忽视这一点。

②在参考资料中留下你的联系方式

在分享百度经验时，如果参考了其他的文章，可以将其链接留在"参考资料"这一栏中。这也是一个推广微信公众账号的好机会。虽然微信公众账号是没有网络链接的，但你可以把你用来推广微信公众账号的网址、微博、QQ空间等留在参考资料中，用户如果感兴趣的话就会主动点击、关注你。

③在标题中添加更多的关键词

百度经验的标题也很重要，其中包含的关键词越多，被用户搜索到的可能性就越大。因此，你要尽可能地在标题中添加更多的关键词，使你的经验被更多的人阅读，从而提高微信公众账号的推广效果。

④在图片中添加你的微信二维码

通常来说，如果你的经验没有配图，就算内容写得再好，基本上也是无法通过的。因此，在你分享的经验中最好添加丰富的图片，你可以把微信公众账号的二维码插入到图片中，这样不但能够提高经验的通过率，而且还能达到推广目的，可谓一举两得。

⑤多提交

如果你的经验没有通过审核，不必泄气，继续提交就可以了。百度经验有很多审核员，每次的审核人通常都是不同的，每个审核员的标准或多或少地存在着差异，这次通不过，下次换一个人，可能就通过了。当然，文章中千万不能含有反动、淫秽的言语，这样的文章是绝对不可能通过的。

4. 利用软文推广转化粉丝

在互联网上，我们经常会读到软文。真正高质量的软文，经常让我们读完之后对某种产品产生巨大的兴趣，却丝毫意识不到自己在无形之中已经跳进了商家精心布置的一个"局"里。

所谓"软文",是相对硬性广告来说的,由企业或广告公司的文案撰写的一种巧妙的文字广告。软文之所以被称为软文,它妙就妙在一个"软"字上,它把推广的信息与文章的逻辑体系巧妙地糅合在一起,让受众们在阅读的时候能够毫无察觉地了解到企业所要推广的东西。等到用户恍然大悟原来这是一篇宣传文章的时候,他的心智中早已被植入相应的概念,忍不住要跃跃欲试了。软文仿佛绵里藏针、藏而不露,又仿佛春风化雨,"随风潜入夜,润物细无声"。

利用软文来推广微信公众账号,也是获取微信粉丝的好方法。要达到良好的推广效果,最重要的是要撰写一篇高质量、高水准的软文,并通过精准的渠道来推广这篇软文。

什么样的软文才称得上是高质量的呢?有以下五个要点:

(1) 极具吸引力的标题

标题的重要性我们在前文已经强调了很多次,对于软文来说,一个极具吸引力的标题也是必不可少的。标题就像是人的脸,如果毫无特点,自然无法引人注目。有一个好的标题,软文就已经成功了一大半。因此,在软文的标题中不妨适当地添加一些噱头,吸引人们的眼球。比如曾经一度在网上流行的搞怪视频《一个馒头引发的血案》,如果不是因为有一个如此惊悚的标题,可能就不会那么火爆了。当然,制造噱头虽然有效,但也要注意分寸,过于哗众取宠只会引起人们的反感,反而不会诱发阅读欲望。

(2) 言之有物的内容

虚头巴脑的文章,读起来只会令人感觉厌烦。好的软文应该是言之有物的,是能给人启发、让人有所受益的。要想写好软文,写作者必须要对当前社会上及行业里的热门话题、流行元素有所了解,言之有物的内容、犀利独到的看法是建立在充足的知识积累基础之上的。

（3）定位于精准的目标群体

即使是再好的软文，也不可能引起所有受众的好感与兴趣，因为人们在生活环境、知识背景、兴趣爱好上存在着很多差异，这些差异导致了每个群体都有一定的偏好。因此，在写软文之前，首先应该想明白的一件事是：这篇文章是写给谁看的？他们希望看到什么样的内容？只有定位于精准的目标群体，才能写出令他们感兴趣的内容，才能引发他们的好奇与关注。

（4）精心选择发布渠道

软文的发布渠道非常重要，甚至在一定程度上决定了软文推广的效果。如果你把一篇推销白酒品牌的软文发布到新浪母婴频道上，那关注者肯定是寥寥无几的。如果你把推广某个汽车类微信公众账号的软文发布到汽车之家上，则会引来很多目标用户的关注。因此，在发布渠道的选择上，一定要慎重考虑，选择相关度最高、用户数量最大的一个渠道。

具体来说，如果软文内容与产品或品牌有关，最好选择产品类、行业类的网站，比如行业论坛或综合网站的行业频道。如果软文内容是普遍性的推广信息，你可以到新浪、搜狐、网易等博客类网站上注册一些博客，将软文发布到博客上面，这不但能够被收录到百度、google等搜索引擎中，而且还是一种增加外部链接的好方法。

（5）添加微信二维码

软文推广中最重要的一点是把你的微信公众账号二维码添加到里面，让用户读完文章之后可以扫描二维码对你进行关注，给用户提供一个便捷的关注途径。

5. 利用视频推广转化粉丝

现在，有很多企业会通过网络视频推广的方式来进行营销。其实，从本质上来说，这些推广视频也是一种"软文"，只不过它们是以视频的形式来呈现的。

网络视频广告与电视视频短片非常相似，只是它们的投放平台为互联网。视频与互联网相互结合，创造了一种全新的推广方式。它既拥有电视短片的各种特点，如形式丰富多彩、创意多元化、感染力很强等，也能发挥互联网的长处，如受众主动传播、重视互动、传播迅速、成本较低等。因此，它在推广方面具有很强的优势，完全达到了"1+1＞2"的效果。

在获取微信粉丝方面，视频推广也能发挥其独特的价值。那么，什么样的视频才能吸引更多的目标用户呢？

首先，优化视频标题。视频标题会给用户留下第一印象，用户是否看某段视频，在很大程度上也取决于视频标题是否足够吸引人。因此，对于视频标题，一定要投入时间进行充分优化。视频标题应该包含与视频内容有关的关键词，一到两个即可。过度堆砌相当于"剧透"，会使用户观看视频的冲动大打折扣。要多用长尾词。所谓"长尾词"，指的是那些非目标关键词但能带来搜索流量的关键词。比如，目标关键词是鞋子，长尾词则是男式皮鞋、户外运动鞋、女士高跟鞋等。长尾词具有延伸性强、针对性强、范围广的特点，它所带来的客户，转化为新用户的可能性比目标关键词要高得多。

其次，在视频中插入微信二维码。在视频中插入二维码，是推广微信公众账号的关键。那些希望关注你获得更多、更丰富信息的人，就可以随时扫描二维码。

最后，视频描述中留下微信公众账号。很多人在看视频之前，会先看一下视频描述，判断一下自己对视频内容是否感兴趣、这个视频是否值得看。你应该充分利用视频描述，在这里留下你的微信公众账号，比如：要获取更多新闻资讯，请关注央视新闻的微信公众账号"cctvnewscenter"。

6.利用线下活动转化粉丝

策划各种丰富多彩的线下活动，也能帮助你的微信公众账号获取大量粉丝。北京朝阳大悦城通过场内现场推广、写字楼与校园巡演等多种线下活动，在10

个月的时间获得了14万粉丝，就是一个值得学习的经典案例。

在策划线下活动的时候，首先应该明确的是策划的目标，这个目标一定要切合实际，不能过于宽泛。根据这个目标，还要制订出一个切实可行的实施计划，将活动时间、活动场地、资金投入、人力配置等都列入计划之中，然后按照计划有条不紊地执行、落实。

具体来说，开展线下活动的基本步骤如下：

第一步，设计、印刷活动的海报，拟定出配套的网络推广文案，撰写推广软文、录制宣传视频。

第二步，准备宣传资源。尤其是要与互联网配合开展推广活动的时候，一定要准备好充足的资源。比如多找一些互联网上的舆论领袖、知名人物、明星等，来对活动进行转发、分享。

第三步，与媒体进行合作。活动要想得到更多的报道，尤其是正面的报道，就需要与媒体进行合作，借助他们的渠道来进行宣传。当然，需要多少媒体、需要什么样的媒体配合，则要具体情况具体分析。

第四步，进行人员配置。人员配置是非常重要的，因为活动要想开展好，达到最佳的效果，必须每个人都各司其职。在人员配置的时候，要将任务安排到具体的每个人，使每个人都清楚地了解自己的分工，并明确应该执行到何种程度。

第五步，对活动进行预热。在正式开展活动之前，需要举行一些小活动，来进行预热。只有持续不断的预热，到正式活动的时候气氛才会达到顶峰。

第六步，确定活动主题。告诉用户，你为什么要举办这次活动，你希望达到什么样的目标。这样，才会有更多人主动配合你。

第七步，采购活动时要发放的礼物。最能够打动用户的心、吸引他们参加到活动中来的，是礼品。用户最希望得到什么样的礼物、怎么设置奖项、哪些人能够得到礼物，这些都要清楚地写在活动策划案中。

第八步，当所有的准备工作都做好了之后，接下来要考虑的，就是策划团队的执行力了。这是确保计划能够得到实施、活动达到良好效果的关键因素。

宾利推出的车展展台微信签到活动，就是一个利用线下活动来转化粉丝的经典案例。

2012年，在北京国际车展上，宾利开展了一项微信签到的线下活动，现场有三百多家媒体成了宾利微信公众账号的新"粉丝"。

过去，车展参展商通常会通过邮寄的方式给媒体发送邀请函。这种方式既浪费时间，又要耗费大量的人工成本，而且出错率比较高、效果难以统计。并且，等到媒体带着纸质邀请函来到车展现场之后，还要对邀请人和实际到场人员的信息进行核对。整个程序复杂、烦琐，毫无新意，完全无法体现出宾利高科技的特点。

为了改变这一现状，宾利推出了"微信签到"的线下活动，让参展的媒体扫描二维码，关注宾利的微信公众账号，通过微信公众账号完成签到、领礼物的过程。这种新颖的方式不但让媒体感受到了宾利汽车的科技感与创新力，还帮助宾利通过活动现场积累了高质量的微信粉丝。

由此可见，通过线下活动来推广微信公众账号，能够将大量的新用户引流到微信上。这既有利于微信粉丝数量的积累，也有利于用户忠诚度的提升。同时，这也为企业品牌后期的推广活动做好了基础建设，使其达到事半功倍的效果。

第二节 如何把潜在用户转变为现实用户

1. 什么是潜在用户

所谓"潜在用户",指的是那些对某种产品或服务存在一定需求,并有能力进行购买的待开发用户。

通常来说,潜在用户与现实用户之间没有明确的界限,作为企业目标用户群的组成部分,两者之间互为前提、彼此相依,对企业都具有很大的商业价值。但是,在运营微信公众账号的时候,企业只要弄清楚这两者之间的本质区别,才能更好地实现潜在用户向现实用户的转化。

潜在用户与现实用户的区别主要体现在以下三点:

(1)影响性

当潜在用户关注了企业微信公众账号之后,他就会转化为现实用户。作为现实用户,他会把自己从这个微信公众账号获取的信息、服务有意无意通过各种渠道,直接或间接地传递给他所能影响到的其他潜在用户,当其他潜在用户在决定是否关注这个微信公众账号的时候,往往会考虑他的意见。

如果现实用户发现这个微信公众账号给自己造成了打扰或推送的都是毫无价值的信息,那么,他就会否定自己的关注行为,果断地取消关注。这个时候,他就又从现实用户转化为潜在用户。而在重新恢复潜在用户的身份之后,他对其他潜在用户的影响力不但没有减弱,反而增强了。因为负面意见的影响力通常大于正面意见。人们可能不会因为朋友的推荐就购买某种产品,但大多数人会因为朋友的否定而对某种产品避而远之。

(2)相对性

这种相对性通常是从两个方面进行体现的。首先,用户既可以是你的现实用户，也可以是另一种产品或品牌的现实用户或潜在用户；其次，你的现实用户对于竞争对手来说往往是潜在用户，你的很多潜在用户往往都是竞争对手的现实用户。因此，将潜在用户转化为现实用户的过程，从本质上来说也是一种市场竞争，是与竞争对手争夺客户资源。

（3）转化性

潜在用户与现实用户之间是能够相互转化的，这种转化可以分为两种，一种是潜在用户向现实用户的正向转化，另一种是现实用户向潜在用户的逆向转化。前者是有利于微信公众账号的推广的，后者却会对其造成巨大的负面影响。因此，企业一定要通过各种方式来挽留现实用户，尽可能防止逆向转化。同时，也要加大投入来挖掘潜在用户，促使正向转化的发生。只有这样，才能使微信公众账号收获到更多的粉丝。

具体来说，潜在用户又分为四种类型，如下表所示。

类型	转化要点
新的潜在用户	需要不断挖掘、开发这一类型的潜在用户，潜在用户的持续增长才能带来现实用户的持续增长
由现实用户转化而来的潜在用户	这部分用户之所以会逆向转化，是因为他们对你的微信公众账号有所不满，对他们进行用户调查，了解这种不满的来源及导致他们取消关注的原因，有针对性地进行改善，从而使这些用户重新回到现实用户的行列之中
因某些原因拒绝关注的潜在用户	事出必有因，了解他们不愿意关注的原因具体是什么，给他们关注你的切实理由
现实用户	把现在正关注你的现实用户也当成潜在用户，怀有这样的想法才能为他们提供更好的服务，使他们为你带来更多的粉丝

总之，企业只有了解并重视每一位有可能带来关注的潜在用户，才能通过一些具体的手段和措施来赢得他们的心，使他们转化为现实用户。

2.以用户为导向

制定以用户为导向、一切以用户为中心的推广策略，才能使更多的潜在用户感受到企业对用户的重视，使他们心甘情愿地成为微信公众账号的关注者、传播者。

那么，怎么做才是以用户为导向？我们可以从以下几点入手：

（1）提高服务质量

企业想要获得用户的口碑，让他们为微信公众账号进行"口碑营销"，最简单的一个途径就是为他们提供良好的服务。提高服务质量，就要站在用户的立场上，真正为他们着想，不但要为关注你的用户提供最周到的全程式服务，赢得他们的认可，还要用增值服务、差异化服务、创新式服务等为他们提供向他人炫耀的资本。只有这样，才能在潜在用户群中产生原子能裂变般的口碑效应。

（2）赠送令用户满意的小礼物

我们经常会看到，如果超市里的某样商品开展"购买即赠储蓄罐"之类的活动，很多消费者就会蜂拥而上，甚至很多原本打算购买其他产品的消费者也会改变自己的主意。可见，免费获取礼物对于人们有很大的吸引力。当人们关注你的微信公众账号之后，你可以向他们赠送一些与产品有关的副产品或是印有公司标志和二维码的小产品，比如钥匙扣、台历、购物袋等。通过关注微信公众账号获得意外收获，不但会使用户对你产生好感，有些人还会主动向朋友、亲人、邻居展示自己的收获，从而使更多的潜在用户转化为现实用户。

（3）不定时举办一些感恩活动

隔一段时间就举办一些对用户的感恩活动，让用户感受到你的重视和关注，他们对微信公众账号的信任度就会得到提升。这些感恩活动既可以在线上展开，也可以在线下举行，但重点都在于，要让用户真正得到实惠。

（4）给每一个用户 VIP 的感觉

人人都有获得尊重的需求，因此，你要努力为每一个用户营造一种"我就是 VIP"的尊享感觉。比如，在推送信息的时候以用户的昵称开头、给用户发放专享的微信会员卡、为用户提供一些特色化的服务等。当用户得到尊重以后，他们就更心甘情愿地帮你传播、为你带来好处了。

（5）为用户提供专业性的产品指南

每一个用户都希望能够得到专业的消费或购买指导，当企业推出新的产品时，不妨在不影响用户的前提下通过微信公众账号为他们提供一些产品指南，或者让他们加入企业的体验活动中。这既能让他们切实、直接地感受到产品的特色，促进产品的销售，也能让他们认识到微信公众账号的价值。

（6）关于用户的想法和意见

当用户通过微信公众账号向你反馈意见、提出自己的想法时，首先应该感谢他们，然后要对这些看法进行收集和分析，采纳其中有价值的意见，并在适当的时候给用户一个反馈，告诉他们你根据他们的建议所采取的改进、完善措施，给予他们一定的奖励。这会让用户感觉自己受到了重视，甚至还会主动去向周围的人宣讲这件事，从而吸引更多的人关注你的微信公众账号。

（7）投其所好

从用户的兴趣入手，向他们推送符合其兴趣的信息，或者把产品与用户的兴趣点结合起来，以此来获取用户的信任。比如，在索契奥运会期间，旅游类的微信公众账号可以借助冬奥会的话题，询问用户对哪些项目感兴趣，如果用户对滑雪有兴趣，就可以向他们推送一些滑雪场的优惠信息等。

3. 激活粉丝的主动传播

微信公众账号与粉丝之间的关系链是十分脆弱的，粉丝随时都有可能因为公众账号推送的信息不合胃口、过于频繁或对优惠活动不感兴趣等原因取消关注。因此，企业必须不断地吸引新的粉丝，从而对微信公众账号的价值进行维护。

要实现这一点,一个重要的途径是"让粉丝来影响粉丝的粉丝"。随着社交网络的日益发达,如今,每一个粉丝都不再是传统意义上的消费者,他们本身也是一个自媒体,是一个传播平台,具备很大的传播价值。只有激活粉丝的主动传播,实现以粉丝为轴的扩散式传播,才能达到新用户的二次乃至多次增加。

那么,怎样才能让粉丝对你的微信公众账号产生好感,并主动扮演"口碑传播者"的角色?这就要求你在进行微信营销时注意以下三点:

(1)知己知彼,了解粉丝的"口味"

《孙子兵法》有云:"知己知彼,百战不殆。"所谓"知己",指的是了解自己的优势与长处,知道自己能够为粉丝提供什么。而"知彼",则是了解粉丝的"口味",知道他们想要的是什么,满足他们的需求。

如果粉丝希望得到的是产品或咨询,你的微信公众账号就应该成为一个24小时的用户咨询即时应答平台,为用户提供一个便捷的交流渠道。让用户可以随时随地与你进行沟通,满足他们的产品咨询需求。

如果粉丝需要的是贴心、周到的服务,你的微信公众账号就应该从各个角度来对企业现有的用户服务体系进行延伸,帮助用户及时解决问题,使他们第一时间获取服务。

如果粉丝需要的是人性化的关怀,你的微信公众账号就应该通过产品使用小贴士、生日提醒、每日问候等多种多样的方式来对用户进行关怀,与他们进行情感沟通。

不了解粉丝的需求,就不可能为他们提供有效的服务,粉丝的满意度也就无从谈起。因此,要尽可能地去满足粉丝合情合理的需求,在与粉丝的良性互动中增加用户黏性、提高用户的信任度。

(2)折扣与优惠是最好的营销工具

最容易触动人心的是什么?是利益。因此,微信公众账号在向用户推送信息之外，时不时地还要对用户进行一些奖励，比如微信粉丝专享折扣、分享送礼等。要知道，折扣与优惠永远是最好用的一种营销工具。

（3）根据粉丝的属性来分组推送信息

每一个粉丝，都有自己独特的属性，如地域、行业、身高、体重、兴趣、婚姻状况等。根据粉丝的属性来分组推送信息，才能确保信息的阅读率，才能提高粉丝的忠诚度。如果粉丝所在的地标是北京，那么在上海举行的优惠信息就没必要推送给他，因为几乎没有人会为了打折而从北京跑到上海去购物。如果粉丝使用的是苹果手机，那么，华为手机壳的赠品是不可能引起他的兴趣的。给北京人推送北京的优惠信息，向苹果手机使用者赠送苹果手机壳，粉丝才会"领情"，才会主动把这些信息分享到朋友圈里。

第三节 如何留住老用户

1. 建立用户档案，提供针对性服务

在销售领域有一个黄金法则：开发十个新用户不如留住一个老用户。老用户是企业发展的基石，尤其是"二八原则"中的那20%为企业创造了80%利润的用户，对于企业的长久发展更是做出了巨大的贡献。在运营微信公众账号的时候，也要充分发挥老用户的价值。

留住老用户，首先要做的一项工作是根据用户名单及背景资料建立用户档案。一份合格的用户档案，是用户满意度提升的起点。有了用户档案，企业才能对每个老用户进行跟踪并迅速把握他们的需求变化，从而为他们提供针对性的服务。

用户档案通常由以下五个部分组成：

（1）用户基本信息

包含用户的姓名、性别、生日、年龄、城市、住址、婚姻状况、家庭状况、收入、联系方式等基本信息。

（2）用户偏好信息

主要指的是用户的兴趣爱好及生活方式偏好等。比如，有的用户喜欢自驾游，有的用户喜欢穷游，有的用户喜欢打篮球，有的用户喜欢滑雪，等等。不同的兴趣偏好，会带来不同的消费习惯，了解这些信息，有利于企业深入挖掘用户的潜在消费需求。

（3）用户行为信息

包括用户在什么时候、购买了什么产品或服务等消费行为。很多企业都会对用户的交易数据进行记录，如电子商务网站记录的是用户通过自己网站购买了什么产品、购买时间及购买频率等；而酒店类企业则记录的是用户的住店信息，在什么时候入住、入住几天、入住哪个分店等。

（4）用户服务信息

这主要指的是企业为用户在什么时候提供了什么样的服务、服务的效果如何、用户做出了什么评价等。对这类信息进行采集和维护，有利于企业进行售后服务、回访用户。

（5）其他相关信息

比如新用户的来源、竞争对手行为分析、用户调查问卷等。

建立了用户档案之后，还需要对用户进行分组。用户的地域、偏好、习惯等存在着差异，因此整理的分组内容也是不同的。比如，家庭型用户，他的档案通常更侧重于统计姓名、年龄、性格、购买方式等基本信息；而商务型用户，其档案则更偏重于统计其兴趣爱好、服务等拓展信息。这样，你为用户所提供的服务才能更有针对性。当老用户遇到问题或想投诉时，找到你的微信公众账号,在与你沟通中,你就可以利用你所掌握的信息与他进行互动,让他感觉你就像是他的一位老朋友,从而更愿意向你倾诉心声更信任你。

企业的用户档案表如下表所示。

某某企业用户档案信息表			
填写日期:___年___月___日			
用户基本信息			
姓名		联系方式	
年龄		性别	
住址		生日	
民族		城市	
身高		体重	
婚姻状况		有无孩子	
用户教育背景			
最高教育背景			
毕业院校			
就读时间			
用户单位状况			
所在公司			
与本公司有无业务关系			
关系状况			
工作职位			
收入状况			
用户生活状态			
健康状况		饮酒习惯	
吸烟习惯		偏好菜式	
运动习惯		娱乐习惯	
阅读习惯		汽车品牌	
度假方式		品牌偏好	
关注话题		出行方式	

2. 以情动人，对用户进行情感投资

世界上投资回报率最高的是哪种投资方式？关于这个问题，日本著名管理家藤田田给出了一个经典答案：在所有的投资方式中，情感投资的投入是最小的，回报率却是最高的。人是这个世界上感情最丰富的一个群体，借助感情来经营你的微信公众账号，你将会收获巨大的关注量。

老用户怎么才会给予你的微信公众账号持久的关注呢？其实很简单，以情动人，对他们进行情感投资，感动他们，把他们当成你的朋友、上帝。当老用户被你"感动"了之后，他们就会对你表现出更多的忠诚与信任，不但把自己当成你的"铁杆粉丝"，而且还会推荐身边的人订阅、关注你的微信公众账号。

情感投资的方式是多种多样的，下面我们来介绍最为简单可行的几种方式：

（1）给予老用户更多的优惠政策

多向老用户推送一些专享的折扣、优惠信息，在老用户生日或节假日的时候，向老用户赠送礼物，或者发放优惠券。

（2）多与老用户进行沟通

经常与老用户进行交流，告诉他们最近推出了什么新产品，或者简单地问一问他们是否需要什么帮助，与他们保持和谐、融洽的关系。这也会让老用户知道，不管是什么时候，你都会在他的身边，为他提供服务。

（3）尊重老用户的意见

企业在考虑问题的时候是不可能十全十美的，因此，多听听老用户的意见对于企业的发展是大有裨益的。千万不要认为用户提意见就是"找茬"，认为他们提出的意见没有太大的参考价值，"闭目塞听"是微信运营的一个大忌。这种态度也会让老用户感到自己被轻视、被忽略，甚至愤而取消关注。

多向老用户寻求反馈，问问他们对你的产品、服务有什么评价，鼓励他们说出自己的意见。当你表现出对他们的意见非常重视时，他们也会给予这件事

同样的重视，并对你的微信公众账号更加忠诚。因为这是他们反馈意见的一个重要途径，而且这些意见都能得到倾听。

（4）多向老用户表达你的感谢

无论是做人还是做事，都要有一颗感恩的心。对老用户，也要时刻怀着感激的心态，要知道，正因为有了他们的持续关注，你的微信公众账号才能真正创造价值。多向老用户表达你的感谢，比如每年或每季度给他们发一封感谢信，告诉他们你很感激他们的关注。这不但能够给老用户留下深刻的印象，还能使他们收获一种满足感。除此之外，节日的真诚问候、婚庆喜事、过生日时的一句真诚祝福，都是向用户表达谢意的好方法。

（5）重视20%的老用户

根据二八法则，企业80%的利润是由20%的客户创造的。同样，对于一个微信公众账号来说，80%的关注率是由20%的老用户带来的。这一部分用户是价值最高、贡献最大的用户，必须要对这些用户进行特殊对待，给予他们相应的特殊服务和待遇，从而使他们成为忠诚用户。

（6）多传播正面信息

把报纸、网络上关于你企业的正面信息及时推送给用户。告诉他们，关注你是值得的，让他们对你更有信心，鼓励他们把你的微信公众账号推荐给更多的人。

通过微信公众账号，与老用户建立起一种长期的、互信的关系，不断对他们进行情感投资，为他们提供价值。久而久之，老用户自然也愿意介绍更多的人来关注你。

3. 促销时时有，给用户多一些甜头

在商业社会，"促销"这个词几乎随时随地都能看到。所谓"促销"，指的

是企业向目标用户传递有关产品、服务的各种信息，吸引并说服他们来进行消费，从而在短时间里扩大销售量。从本质上来说，促销可以被视为一种沟通，一种企业与消费者之间的沟通。

经常被采用的促销手段有降低价格、抽奖、广告、特卖等。现在，我们在微信公众账号上也可以开展一些促销活动，让用户多尝一些甜头，吸引他们关注我们。比如，通过自定义菜单在微信公众账号上添加一个"抽奖大转盘"，凡是关注本微信一年以上的老用户都可以获得三次免费抽奖的机会，而新用户添加关注则可以获得一次抽奖机会。这不但成本低、见效快，还能在短时间里提高微信公众账号的关注度与粉丝数量。

家纺品牌多喜爱就曾经通过抽奖来回馈微信用户。

2013年国庆节期间，多喜爱家纺趁着14周年庆的机会，在全国各大商场的专卖店举办了一次名为"来吧，免单！"的黄金周大型促销活动。从9月30日到10月14日，凡是到多喜爱专卖店消费满300元并关注了多喜爱微信公众账号的用户，都可以获得一次抽奖机会，奖品不但有1400个免单名额，还有数十部平板电脑、智能手机。每天，多喜爱都会在微信公众账号上公布前一天的中奖名单。这吸引了很多老用户到专卖店去消费，不但提高了销售量，也增加了微信公众账号的用户黏性。

当然，通过微信公众账号来开展促销活动也有一定的弊端，如很多微信用户可能只是为了碰运气而参与关注及转发，并不是忠实用户。企业必须要对这部分用户进行区分，从而使那些忠诚的老用户真正享受到利益。

策略篇

如何做好微信营销

第六章

微信营销策略的制定与规划

第一节 设立微信营销目标

彼得·德鲁克曾经说过："目标不是命运，而是方向。目标不是命令，而是承诺。目标并不决定未来，而是动员企业的资源与能源从而塑造未来的一种手段。"成功之路通常都是始于一个正确的目标，微信营销也不例外。当你为你的微信公众账号制定营销策略的时候，首先应该问自己一个问题：你有目标吗？你希望达到什么样的目标？

所谓"营销目标"，指的是在某段特定时间里通过各种营销手段所要达到的目标，是营销策略的最核心部分，对于营销计划、执行方案、绩效反馈等都能起到指导作用。而微信营销目标，则是指企业通过微信这个渠道来推广产品或服务希望达到的目标。它是在对企业微信营销现状进行分析，盘点企业所拥有的资源，预测未来的机会和威胁的基础上确定的。

通常来说，微信营销的目标最终要落脚于看得见、摸得着的利润。但是，又不能一味只关注利润，还要充分考虑消费者的利益、对社会的责任，并妥善处理企业与消费者、与社会的利益关系。

因此，企业微信营销的目标应该包括：

第一，某段特定时间里需要达成的利润目标。

第二，未来一段时间里品牌形象、产品知名度的提升与增值，也就是通过微信进行产品推广、用户服务等来提高企业的形象、提高品牌的价值。

第三，为企业积累一定的微信运营与营销经验，培养出一批素质过硬的微信营销人才，建立起微信营销网络体系。

以上三者在层次上是层层递进的，都是企业需要考虑的。只有协调好三者的关系，后期的执行过程才能顺利地开展。要尽量避免走入三个误区：

误区一：目光短浅，只看到眼前利益，只重视直接的营销利润。

误区二：为了一己私利就在微信上推广、宣传虚假信息，将社会利益弃之不顾。

误区三：不重视微信营销人才的培养，在企业中无法形成完善的微信营销体系，发展后继无力。

正确的做法是，这三者要兼顾，既要以最少的投入、最低的成本来获得最大的营销利润，也要重视企业品牌、文化等无形资产的积累，以及微信营销队伍的培养与建设，从而达到长远利益与短期利益的双丰收。

1. 目标设立的原则

在设立具体营销目标的时候，要遵循目标设立的黄金原则——SMART 原则。

（1）S（Specific）：明确性

微信营销目标应该是明确具体的。所谓"明确具体"，指的是要用具体的语言清楚地说明要达成什么样的行为标准。比如，设定具体的用户增长标准、明确每条推送信息应达到的阅读量和分享量等。如果目标设置过于模糊，在执行的时候就容易导致营销者根本无法有效地理解这个目标。

并且，营销目标不管是在空间上，还是在时间上都必须明确。

所谓空间上明确，指的是营销目标并不是企业提出的一个抽象数字，而是分解到负责微信运营与营销的每一个部门、每一个人身上的详细具体的数字目标。

所谓时间上明确，指的是不仅要设定年度营销目标，还要设定月度营销目标。年度与月度目标明确了，每个人才能明确自己每一周、每一天的目标。

(2) M (Measurable): 可衡量性

如果设置的营销目标没有办法进行衡量，那么，我们就没有标准来判断这个目标是否实现了，实现的程度怎么样？因此，营销目标必须是量化的，量化的目标才能够管理。

在设置微信营销目标的时候，指标必须是数量化或行为化的，验证这些指标的数据、信息都是能够通过各种途径直接获取的。除此之外，最好有一些具体的数字作为标尺，并在微信公众账号中已经存在这种衡量标准及具体的数据查看方式。千万不要以感觉为出发点，靠凭空想象来设定目标。而且，在描述微信营销目标的时候，尽量不要使用形容词等概念模糊、无法衡量的词语。

具体来说，微信营销目标的可衡量性可以从五方面开进行判断：质量、数量、成本、时间、用户满意度。如果用这五方面仍然不能衡量，就应该把这个目标继续细化，细化成分目标后再从以上五方面衡量。如果分目标依然不能衡量，则需要将实行目标的工作进行流程化，通过流程化来实现目标的可衡量性。

(3) A (Achievable): 可实现性

目标应该是可实现的，这里指的是微信营销目标在经过一番努力与投入之后是能够实现的。不要为了追求数字上的好看设立过高的目标，如果一个目标是无论如何努力都无法实现的，那这个目标的存在就是毫无价值的。

最好的微信营销目标是"跳一跳就能够着的"。比如，现在微信公众账号拥有8000个关注者，争取一个月后使其增长到10000个。如果考虑到企业所拥有的资源和渠道，这个目标是确实能够达到的，那这个目标就具备了可实现性。这样的营销目标，一方面能够调动起微信运营者的积极性，激发他们的推广热情；另一方面，又留有进步的空间，保证自己平台的发展。

(4) R (Relevant)：现实性

目标应该具有现实性，这里指的是微信营销目标应该是实实在在的，是能观察、验证与分析的。尤其是在设立目标的时候，那些具体的指标放在任何一个人身上，无论是微信公众账号运营者还是其他人，都能够一步步去执行、去实现。

(5) T (Time-based)：时限性

目标应该有一定的时限性。也就是说，微信营销目标的实现，要有事先约定的时间限制。比如，什么时候达到微信关注用户突破万人大关？什么时候将转化率提高十个百分点？

设立具体的时间要求，定期检查目标的完成进度，随时掌握微信营销的进展状况，才能及时发现微信公众账号某一阶段的运营情况中存在的问题，并对营销计划进行相应地调整，制定出更好的优化策略。

值得注意的是，关于目标完成时间，我们通常都会犯一些通病，如使用一些描述性的词语而不是具体的日期，这会导致最终期限失去其意义。因此，在制定微信营销目标的时候，要尽量使用"4月份""第二季度""2015年"等具体的词语。

2. 目标设立的环节

具体来说，设立一个明确的微信营销目标，可以通过以下五个环节来完成：

(1) 正确理解企业的总体目标

总体目标是企业内部所有目标的一个基石，微信营销目标也不例外。只有在正确理解企业的总体目标的前提下，才能围绕着这些目标，制定出合理的微信营销目标。

(2) 根据SMART原则，制定出目标

前面我们已经说过，好的微信营销目标必须符合SMART原则。在进行目

标描述的时候，你要随时检查，制定的目标是不是明确具体的？是不是可以衡量？是不是可以接受？与其他目标是否相关？有明确的时间期限吗？

在这个环节，经常会出现的一个问题是：符合SMART原则的微信营销目标实在是太多了，该如何取舍？这时，你可以借鉴二八法则，从这些目标中选择最有价值的3~5个目标，作为最重要的目标。

（3）列出可能遇到的问题和阻碍

制定了具体的微信营销目标之后，你还应该列出在实现这个目标的过程中可能会遇到的问题和障碍，这对于目标的顺利实现是非常重要的。

人们常说"未雨绸缪"，在设置目标的时候也要牢牢记住这一点。在这一环节，如果你能发现将来有可能会遇到的问题和障碍，对那些可以规避的进行规避，对那些不能规避的制定出应急方案。那么，等到后期的执行过程中就会节省大量的时间，提高工作效率，使微信运营获得更好的效果。

（4）列出实现目标所需要的资源

在这一环节，你要考虑的问题是：为了实现你所制定的微信营销目标，需要哪些资源？这里所说的"资源"，包括人力、物力、财力三方面。把它们列出来，然后逐个解决，确保微信运营与营销的过程中能得到充分的支持。

（5）确定目标完成的日期

微信营销目标设置的一个关键点就是，确定目标实现的期限。给每一个具体的目标都制定一个明确的最终期限。接下来的工作就是根据目标来制定具体的营销策略，并做好人员安排等工作。

第二节 五步制定营销策略

设定了明确的微信营销目标之后,还需要以它为核心来制定一个完善的营销策略。具体来说,我们可以按照以下五个步骤来制定微信营销策略。

1. 定位微信公众账号

为什么要"定位"?因为定位回答的是"我是谁"这个问题。如果你连"我是谁"都搞不清楚,那么,又怎么告诉别人"我是谁"?又怎么给用户一个关注你的微信公众账号的理由?用户怎么知道你能够满足他的需求,又怎么帮你去宣传你的微信公众账号,传播你所推送的信息,为你进行"口碑营销"?

因此,制定微信营销策略,首先要做的一件事就是定位,要搞清楚"我是谁",这是事半功倍的一个好方法。

定位你的微信公众账号,想清楚两点:

第一,它究竟要给用户提供什么样的内容、满足他们哪一方面的需求?

第二,它的存在是为了宣传产品与品牌,还是以用户服务为立足点,为用户提供优质、周到的咨询、售前售后服务?

不同的定位,往往决定了不同的营销策略。

2. 定位目标用户群

任何一个企业都不可能将自己的产品或服务,拓展到能够服务于所有用户的境界。因此,企业只能根据自身的实力向某些特定的用户提供符合他们特定需求的产品,这些特定的用户就是"目标用户群"。

对于微信营销来说,找到目标用户群也是非常重要的。即使微信公众账号推送的内容再丰富,也不可能适合所有人的"口味",更不可能满足所有人的需求。因此，微信公众账号必须要定位自己的目标用户群。

一般来说，微信公众账号的目标用户群主要有两个来源：一是企业品牌、产品或微信内容所针对的具有共同需求或行为偏好的人群；二是能帮助企业实现营销目标、达到期望中的收益的人群。在这里，可以将所有人群按照性别、年龄、教育背景、婚姻状况、生活习惯、饮食习惯、消费习惯、地域等多种因素进行细分，筛掉那些不符合企业需求的人，保留符合以上两点的人群。

值得注意的是，微信营销如同其他营销活动一样，其主要目的之一是启发、教育一些人。这些人可能未必是消费人群，但他们同样也是企业推广、宣传的目标人群。然而，这一部分人群是最有可能被排除在目标用户群范围之外的。为了避免这一点，我们需要清楚一点：任何一个产品、品牌，都有推广人群与消费人群之分。

我们可以从营销的角度对这个问题进行具体分析。比如，某个产品的消费人群可能是30~40岁的中年人，但20~30岁的人是不是就绝对不会购买这个产品了？不是，而且，随着年龄的增长，他们有一天也会成为我们的消费人群。因此，20~30岁就属于我们的推广人群。对于这一人群，我们同样不能忽视他们的价值，也要把他们列为目标用户群。

3. 调研目标用户群

定位好目标用户群之后，接下来要做的就是对这些人进行调研，看看他们有什么需求。

具体调研内容包括以下几点：

（1）更愿意接收哪种类型的内容

目标用户群希望接收的内容是娱乐八卦类的、科技人文类的、美食文化类的，还是旅游类的，等等。

（2）更愿意在什么时候接收消息

比如，哪个时间段推送消息他们的阅读概率最大，哪个时间推送消息会被他们认为是骚扰等。

（3）更愿意参加什么样的活动

微信公众账号举办什么样的活动他们更愿意参与其中，是抽奖、赠送优惠券，还是互动小游戏等。

（4）更愿意如何参与活动

喜欢什么样的活动方式，如喜欢线上活动，还是线下活动，等等。

（5）不喜欢什么内容、活动

对于什么样的内容或什么类型的活动是完全不感兴趣的。

4. 制订具体营销计划

制定了微信营销目标、明确了微信公众账号的定位、找到了目标客户群之后，接下来的工作就是制订具体的营销计划，为营销目标建立一个支持系统。

为什么要制订营销计划？这是因为营销计划能够详细地指出，谁要做什么、什么时候做、在什么地点、怎么来做，从而达到目标。营销计划能帮助我们理性选择实现目标的最佳方法，使我们的行动更有效率。营销计划对可能收获的经济效益会进行一个预估，使我们对微信公众账号未来的发展状况有所预计，从而减少运营的盲目性。营销计划可以使工作成本处于可控的状态之中，在后期实施营销策略的过程中，你就可以对每一项工作的开支进行核查，看看哪些可以削减、哪些是多余的支出。营销计划还有助于监测微信营销活动的行动和效果，从而使企业能更有效地对微信营销活动进行控制，并对其灵活调整。

（1）制订营销计划的步骤

制订营销计划的步骤主要有以下几步：

①明确"做什么"

制订营销计划之前，首先要明确工作任务，比如在一定时间内应该完成哪些任务，以及达到什么样的要求，描述越具体、越明确，越好。

②明确"怎么做"

为了实现营销目标，应该采取什么样的措施、策略？这些都应该在营销计划中写清楚，这是营销计划实现的一个有力保障。措施和策略主要指，达到既定的目标需要采取什么手段、动员哪些力量、获取哪些资源、得到哪些人的帮助、创造什么条件、排除哪些困难等。总之，企业应该根据客观条件，统筹安排，将"怎么做"一条条写出来，并确保切实可行，尤其是针对实现目标过程中可能会出现的问题，要在计划中提前拟订出解决方案，避免问题出现时措手不及。

③明确"谁来做"

营销计划的每一步由谁来负责，这是必须明确的一件事，要分工到位，确保每一项任务都有具体的人来实施并承担责任。这样，如果营销计划无法完成或出现问题，可以追究具体执行人的责任。

当然，每项任务在执行过程中都会存在阶段性，而每个阶段都是由各个环节组成的，这些环节通常是互相交错的。所以，在制订营销计划的时候，必须从大局着眼，认真考虑哪些任务应该先做、哪些应该后做、哪些任务可以稍微放一放。

④明确"什么时间做"

营销计划的每一步，都要列明时间期限。让有关部门和人员都清楚地了解，自己应该在什么时间完成什么任务，如果拖延了会受到什么样的处罚。

（2）在制订计划过程中的注意事项

①正确的营销目标是营销计划得以顺利实施的前提条件

如果一开始，设置的营销目标就是错误的，根本无法实现。那么，即使是运用再先进的技术，有再丰富的经验，营销计划也不可能得到有效的实施，最终只会被证明是无用功。

②企业中有效的运行系统是微信营销计划得以实施的重要保证因素

如果企业对微信营销缺乏足够的支持、成员之间缺乏默契与配合，那么，营销计划在执行过程的中会非常困难，营销目标也很可能无法实现。

③企业文化、价值观也是影响计划实施的重要因素

一个重视团队合作，成员之间能良性沟通，彼此配合程度高，能共同面对遇到的困难、共同解决问题的企业，在制订营销计划和执行营销计划的时候，往往更高效。

5. 执行与跟踪

设定了微信营销目标与计划之后，就需要按照计划一步步来实施，直到最终实现了营销目标。但是，在这个过程中，很多人往往会忽略了非常重要的一点：对营销计划进行跟踪。

为什么要对营销计划进行跟踪？因为只有时时跟踪，才能做到"三个确认"：确认工作始终按照目标和计划进行，确认能够达到预期的工作成果，确认微信推广、营销策略都得到了执行与遵守。这样，一旦发现执行过程中存在问题，就能提前做好准备，并采取措施，将风险消弭于无形，使其不影响最终的成果。

（1）跟踪营销计划遵循的四项原则

①适时发现问题

在跟踪过程中，适时发现进行微信营销时存在的问题和潜在的风险。这样，问题就能在萌芽期得到解决，不会随着时间、情况的变化而越来越复杂，最终造成用户的大量流失，给企业带来严重的影响。

②跟踪重要目标

营销计划中同时包含着很多任务，企业不可能对每一项任务都"平均用力"。做事一定要分清轻重缓急，在跟踪营销计划的过程中，一定要优先跟踪最重要的目标与计划，那些次要的问题则可以暂时放在一边，或者投入较少的时间与人员。

③明确你的跟踪目标

如果你对你的跟踪目标并不明确，你就很难发现问题，也无法采取有效的补救措施。因此，明确你的跟踪目标，这是非常重要的一点。明确你要执行的任务是什么，明确进行的时间和地点，对计划执行过程中的重要环节和步骤了如指掌，才能在跟踪过程中达到事半功倍的效果。

④实际主义，避免得不偿失

如果营销计划的跟踪非常复杂，甚至比执行这个计划还要投入更多的时间和人力，那就得不偿失了。说到底，对营销计划进行跟踪是促进营销目标实现的一种手段，不能本末倒置。所以，在跟踪过程中，要讲究实际，一切为目标、为计划而服务。

（2）营销计划的跟踪步骤

具体来说，营销计划的跟踪可以通过三个步骤来完成：收集信息、评估、反馈。每一步，都有不同的方法可以采用：

①收集信息

要对营销计划的每个环节都了如指掌，在跟踪过程中，要做的第一件事就是收集信息。

收集信息可以通过两种方法来完成：

第一，建立定期的报告制度。在每一项营销任务完成之后，都需要填写工作报告。从工作报告中你可以获得很多信息，比如，可以了解营销计划的进展状况，目前取得了什么样的工作成果，遇到了哪些问题，采取了什么样的解决方案等。

第二，阅读企业内部的客观数字资料。企业内部通常会有很多数字资料，比如推广活动策划书、费用报告、产品报告等，你可以通过阅读这些资料来收集信息，了解营销计划的实施情况。

②**评估**

在对营销计划进行追踪的时候，还需要对当前的工作进展和完成状况进行评估。在评估时，应该注意以下三个关键点。

第一，定期进行跟踪。不要"三天打鱼、两天晒网"，这样只会使跟踪工作变成毫无意义的形式。只有定期跟踪，才能对营销计划的实施效果有所管控，促使其得到有效的执行与落实。

第二，按照任务重要性进行评估。在评估的时候，根据营销任务的重要性来区分，分清主次，对重要的任务一定要定期跟踪，而次要的事则可以不定期跟踪。

第三，评估营销目标是否有所偏离。在跟踪营销计划的过程中，一个重点是评估营销目标的完成状况，看它是否有所偏离。如果发现营销目标出现了偏离，就要及时纠正。

③**反馈**

在对营销计划进行跟踪的时候，还需及时对其中存在的问题进行反馈，并进行修正，避免造成更大的危害。

第七章

微信营销的原则、方法、技巧与误区

第一节 微信营销的四大原则

1. 多号并行，合理布局

对于企业来说，只靠一个公众账号在微信这个平台上单打独斗是远远不够的。微信本身拥有即时沟通、产品推广、品牌宣传、客户服务、公关传播等多种功能，每一个不同的功能定位，都代表着不同的微信内容策略。比如，与用户进行互动，需要多一些幽默风趣的话题，需要一些温馨的关怀，但宣布企业最新动态及进行危机公关，微信内容就更偏向严肃、认真。这些功能定位上的差异，导致了微信内容、语言风格、栏目设置上的差异。如果这些差异化的内容都由一个微信公众账号来推送，就会导致这个微信公众账号的"精神分裂"，让用户们感觉内容跳跃性过大、定位混乱等。

因此，对于微信营销来说，最好的方式是多号并行，各司其职，相互促进。

通常，多号运营可以采用以下两种策略：

（1）双号策略

企业同时开通订阅号与服务号，两者相辅相成，互相促进。订阅号每天都有一次推送信息的机会，因此可以用来拓展与培养新用户、养成用户的阅读习惯、进行产品的推广与促销。而服务号则主要用来做用户服务工作，比如，为意向用户提供售前咨询等服务，为老用户提供售后、投诉、意见反馈等服务。

双号策略的好处在于，将企业的用户划分为新用户和老用户两种类型，订阅号主要服务于新用户，而服务号则以老用户作为主要服务目标。这样，就可以根据用户的不同特色来"因人制宜"地提供更周到、更到位的服务。不但能够起到良好的营销效果，而且两个公众账号各司其职、互不干扰，也能有效地降低企业的成本。

（2）多号策略

企业不但同时开通订阅号与服务号，而且还同时运营几个订阅号、几个服务号。这些微信公众账号按照一定的分类，如地域、目标用户群、职能部门等来进行划分，各自负责一部分市场，提供有特色的服务。

以联想集团为例，联想同时开通了多个微信公众账号：联想、联想乐体验、联想新体验、联想服务、联想商城、联想乐学、联想官方粉丝俱乐部。每个公众账号都有着不同的职能。

联想：是联想集团的官方微信，是联想在微信上的一个"代言人"。

联想乐体验：是联想的订阅号，负责向用户们推送最前沿的科技信息、新产品动向。通过这个账号，用户们还可以获得体验最炫酷穿戴装备、参与用户设计、新产品试用的机会。

联想新体验：是联想的一个专门用来提供VIP级客户服务的公众账号。通过这个账号，用户可以申请成为"VIP"，可以获得一系列尊贵特权。

联想服务：是联想的另一个用户服务专号，它与"联想新体验"之间存在着一定的区别：主要为联想的老用户提供各种售后服务，如查询服务网点、咨询在线工程师、预约送修等。

联想商城：是联想在微信上打造的一个购物平台。通过这个账号，用户可以了解联想的各类产品，完成选择产品、下订单、支付等交易流程。

联想乐学：是联想的一个移动端培训学习平台，主要对象是联想员工。通过这个账号，联想员工可以进行在线学习、业务交流，也可以获取最新的业务信息、培训资料。

联想官方粉丝俱乐部：是为联想的忠实粉丝提供的一个微信平台，通过这个账号，粉丝们可以进行自助服务，可以参与"逆生长测试"、体验店签到等有趣的活动。

这几个微信公众账号虽然在某些业务上也有重合的地方，但总体来说，还是分别承担着不同的推广、宣传任务，各自在自己的目标市场上充分发挥自己的价值。

在多号策略中，个人微信号也包含在"多号"的范畴之内。每个微信公众账号都可以与一个个人微信号绑定，利用个人微信号，企业可以以最快的速度锁定用户、了解用户需求。除此之外,使用个人微信号还能利用"附近的人""漂流瓶""摇一摇"等营销利器，做好区域内的O2O营销。

值得注意的是，多号策略虽然多拳出击、营销价值翻倍，但运营不佳也会导致很多问题，如品牌互相混淆、运营成本不断攀升、用户心智混乱等。因此，要实行多号策略，最重要的是要考虑好各个微信公众账号及个人微信号的定位，使每个微信号都能有明确的营销目标、对象。这样才能形成"集团效应"，起到"1+1+1＞3"的作用。

2. 构建微信矩阵，协同作战

无论采用双号还是多号策略，一个重要的原则是要建立起合理的微信矩阵。

所谓"微信矩阵"，指的是在一个总体的企业品牌之下，开设多个差异化功能定位的微信公众账号，与各个层次、各个地域的用户进行沟通、互动，从而达到多方位、多角度宣传品牌的目的。

（1）微信矩阵的特点

微信矩阵具有以下两个鲜明的特点：

①多个微信公众账号协作

根据企业在宣传、推广上的多元化需求，设置多个不同定位、功能差异化的微信公众账号，互相协作，互加关注，部署分享按钮和账号连接，互相推荐转发优质内容，促进用户分享信息，最终形成传播合力。

②统一化管理

虽然是多个微信公众账号，但不能各自为营，需要将它们统一在一个宣传口径、宣传节奏下，从而保持对外声音的一致性。

（2）微信公众账号的划分

构建微信矩阵，不但能够满足不同用户群体的差异化需求，还能更加精准地对微信用户进行辐射，扩大企业品牌的知名度。但如何建立微信矩阵，却是一个需要深思熟虑的问题，不但需要把握一定的规律，而且要讲究技巧。打个比方，微信公众账号就像是企业在微信世界里设立的办事处。想象一下，如果办事处里到处一片狼藉（界面过于简单化）、员工上班不按时按点（推送信息毫无规律可言）、经常关门大吉（用户咨询的时候没人回应），用户又怎么会对它留下一个好印象呢？因此，企业应该根据自身需求，对微信公众账号进行划分，向用户呈现出井井有条、服务到位的面貌。

具体来说，微信公众账号可以按照品牌层级、地域性、功能定位、业务需求四种方式来进行划分：

①品牌层级

品牌是消费者对企业的产品、服务最为直观的认识与感受，是企业生存发展的基础。很多企业为了适应多个目标市场的需要，会在主品牌的基础上发展出更多的子品牌。比如，宝洁公司旗下拥有海飞丝、飘柔、舒肤佳、护舒宝、帮宝适、玉兰油、博朗、佳洁士、碧浪等多个子品牌。如果企业只建立主品牌的微信公众账号,那更多的子品牌就得不到有效地宣传、推广。

而且,不同用户对微信公众账号有着不同需求。还是以宝洁为例,有的用户咨询的是海飞丝的相关问题,有的用户需要的是佳洁士的售后服务,有的用户想了解更多关于帮宝适的信息……一个微信公众账号显然无法满足所有人的需求。

因此,对于企业来说,需要建立的微信矩阵就应该以品牌层级为基础,为主品牌及每一个子品牌开通微信公众账号。这样才能有针对性地开展广告宣传,让所有产品的信息都能够切实传递给用户,为用户提供更全面的服务。

虽然各个子品牌针对的消费群体、市场区域有所不同,但在微信公众账号里还是应该尽量保持头像、昵称、界面风格的一致性,给用户们一个统一的视觉识别。除此之外,不同子品牌的微信公众账号应该互相转发,加强互动,以此来形成合力。

②地域性

有些企业,尤其是大型企业,在全国甚至世界各地设立了很多分公司。因为地域上的差异,这些分公司面向的消费群体不同、市场环境不同,而且每个地方的风俗文化、消费习惯也不同。为此,企业需要根据地域来设置多个微信公众账号,进行微信矩阵的划分。比如,中国银行在不同城市都开通了微信公众账号,如中国银行北京分行、中国银行广州分行、中国银行深圳分行、中国银行厦门分行、中国银行首尔分行等。

③功能定位

不同的用户对企业有着不同的功能需求,如果只设置一个微信公众账号,很难满足所有人的需求。比如,在关注一家化妆品公司微信公众账号的用户中,有20%的消费者关注的是润肤水,有10%的消费者关注的是粉底液,有30%的消费者关注的是面霜,有20%的消费者关注的是彩妆,有20%的消费者关注的是眼霜。如果这家化妆品公司只有一个微信公众账号,在推送信息的时候就难以兼顾到所有用户的功能需求。

因此，企业需要对用户进行调查分析，然后根据他们对企业功能定位的差异，设立多个微信公众账号。比如，上述的这家化妆品公司，可以同时开通"某某公司润肤水频道""某某公司粉底液频道""某某公司面霜频道""某某公司彩妆频道""某某公司眼霜频道"多个微信公众账号。让有不同需求的用户们去关注能解决他们问题的微信公众账号。

④业务需求

企业通常包含多种业务，根据业务需求来进行微信矩阵的划分也是一个好方法。比如，顺丰公司就按照业务的不同开设了"顺丰速运""顺丰优选"两个微信公众账号；1号店在微信平台也同时开设了"1号店""1号店招聘""1号店B2B事业部""一号店进口馆"等多个微信公众账号。

（3）微信矩阵常见的模式

在对企业的微信公众账号进行划分之后，接下来要做的就是微信矩阵的建设。现在，微信矩阵比较常见的模式有以下几种：

① 1+N 式微信矩阵

"1+N式微信矩阵"指的是以主品牌、主业务的微信公众账号为主导，在其基础之上，再开设N个子品牌、子业务、子部门或下属地域的微信公众账号，形成一个完整的微信推广体系。

这种微信矩阵模式比较适合那些产品结构和品牌构成相对比较简单的企业。它能够强化产品卖点、提高服务针对性，从而有利于各个子品牌、子业务等在用户心目中形成鲜明的产品特点，更精准地辐射到自己的目标用户群。

② AB 式微信矩阵

"AB式微信矩阵"指的是以一个形象微信公众账号（Action）和一个品牌微信公众账号（Brand）的形式组成矩阵组合，从而达到塑造、维护企业的品牌形象的主要目的。

形象微信公众账号和品牌微信公众账号，一个为主，一个为辅，不但能够有效地避免信息混乱、定位不清晰的问题，还能做到两个账号同时发力，互相配合，从两个方面来俘获用户的心。

③三维式微信矩阵

"三维式微信矩阵"指的是从企业、产品及生活方式的培养这三个维度来进行微信公众账号的布局。不但重视对产品、服务的推广和对企业形象的宣传，还重视对用户消费惯性的养成及用户依赖度的提升。

这三个维度，分别针对的是三种不同类型的目标用户，可以达到影响力的优势组合，从而形成庞大的群体属性，提高用户黏性，提升品牌归属感。

无论采用哪种模式，企业都需要遵循以下几个原则：

第一，对症下药，根据企业的自身状况进行微信矩阵的构建。只有做到因时因地制宜，才能使微信营销达到良好的效果。

第二，合理利用内部资源，实现利益最大化。员工、品牌、产品都属于企业的内部资源，一定要对这些资源加以合理利用，使它们真正发挥作用。

第三，确定一个核心账号，以核心账号带动小账号，以强带弱。企业的人力、物力、财力总是有限的，在投入和业务上不得不有所侧重，对所有的微信公众账号也不可能平均用力。不妨先集中主要力量打造出一个核心账号，然后再用这个核心账号来带动其他小账号的发展。这样，运营的时候就更容易达到预期的效果。

除此之外，企业的多个微信公众账号在定位和风格上一定要体现差异化。只有这样，才能让用户明确辨别出它们的不同，引起他们的关注兴趣。

3.关注竞争对手，善用"他山之石"

关于竞争对手，百事可乐的董事长罗杰·恩里克曾经说过一句经典的话："如果没有可口可乐这个强有力的竞争对手，那么，百事可乐可能就不会开发出更好的产品，也不会有这么高昂的竞争精神。"的确，在这个竞争日益白热化的时代，企业能够获得成功，在一定程度上取决于能够开展有效的竞争，并在竞争中战胜对手。要实现这一点,一个重要的途径就是:以竞争分析为基础,对企业策略进行统筹。这个道理同样适用于企业的微信营销。

要想做好微信营销,只了解自己的市场、关注自己的用户是远远不够的,还应该关注竞争对手,看看它们如何排兵布阵、如何做好内容服务、如何善用资源。竞争对手是最好的老师,如果你关注了100个竞争对手的微信公众账号,就会有100个微信公众账号在教你应该如何做好微信营销。如果你能向竞争对手学习,借鉴他们的成功经验,优化自己的微信运营策略,你离微信营销的成功就更近了一步。

怎样善用"他山之石"?方法是多种多样的:

第一,关注竞争对手的微信公众账号和个人微信号。看看他们每天都推送什么样的信息给他们的目标用户,以及他们在朋友圈发布了什么样的内容。把他们的微信内容与你的微信内容进行比较,看看与你相比他们有哪些长处,而你在哪方面存在着缺陷,然后有针对性地"取人之长,补己之短"。

第二,扮演用户的角色,通过微信公众账号向竞争对手进行产品咨询、要求售后服务、订购产品等。你可以把你的用户们经常问你的问题,全都问他们一遍,看看他们是如何利用微信这个平台来与用户进行沟通、互动的,借鉴其中值得借鉴的地方。

在这个世界上,有一种人能够帮助你获得最快地成长,那就是竞争对手。如果竞争对手做得比你好,你就一定要努力学习他们的成功经验,争取有一天超越他们。如果他们做得不如你,也要用一双慧眼来发现他们的独到之处,用他们的优势来对你的策略进行优化,从而使其更加完善。

4. 免费为诱饵,赢利为目的

在微信营销的过程中,有一件事情是绝对不能忽略的。那就是:怎么把免费的活动,转化为赢利的项目。

毕竟,人们之所以如此热衷于微信营销,归根结底还是为了利用微信这个平台来赢利。无论推送什么样的信息、策划什么样的线上、线下活动，最终目的都是为了赢利。虽然对于用户来说，最有诱惑力的就是各种免费活动，如赠送礼品、抽奖、免单等，但企业不可能为了迎合用户一直免费。否则，只出不进，即使有众多用户的"精神支持"，企业最终恐怕也难以为继。

因此，免费只是一个诱饵，微信营销真正的目的是赢利。但如何把用户从免费活动、免费服务引导到赢利项目上，对于很多企业来说，是一个令人头疼的难题。

其实，要实现这一点并不难。在营销领域里，有一个被称为"免费午餐法则"的心理定律。这个定律指的是，让客户吃到"免费的午餐"，让他因此在心中对你怀有一种潜在的愧疚感，他购买你的产品的可能性就越大。

在生活中，这个定律经常会发挥作用。比如，当你去买西瓜的时候，你还没决定要不要买某个摊位的西瓜，这时，摊主热情地拿出刀来切了一角西瓜递给你，邀请你品尝一下，如果你觉得味道还不错，就会买这家的西瓜。真正促使你做出购买决定的，是因为西瓜很甜吗？不，更重要的原因是"吃人嘴短，拿人手软"。同样，如果卖菜的师傅经常在你买菜的时候给你抹掉一毛、两毛的零头，以后你就更倾向于在他那里买菜，因为心中的愧疚感驱使着你这么做。

但是，值得注意的是，让"免费午餐法则"发挥作用，有一个条件，那就是消费的代价并不高。比如几块钱、几十块钱的东西，用户为了还你的情，他们愿意购买。但是，更高的价格，比如几百块、几千块，他们就不愿意购买了。因此，在微信营销的时候，一定要重视策略的选择，如果你的产品比较昂贵，要慎用免费策略。

第二节 微信营销的实用方法

1. 如何提高关注度

著名经济学家、诺贝尔奖获得者赫伯特·西蒙曾经说过一句非常经典的名言:"随着信息的发展,有价值的不是信息,而是注意力。"注意力经济学的奠基人米歇尔·戈德哈伯也说过:"获得注意力就是获得一种持久的财富。在新经济形式下,这种形式的财富使你在获取任何东西的时候都能处于优先的位置。财富能够延续,有时还能不断积累,这就是我们所谓的财产。因此,在新经济下,注意力本身就是一种财富。"

的确,随着互联网的迅速发展,以及各类媒体的推波助澜,如今的社会已经进入了"注意力经济"的时代。电视节目需要注意力,因为收视率是电视台经济收益的保障;网站需要注意力,因为用户的点击率越高,它的广告价值也越大;报纸需要注意力,因为报纸的利润是建立在发行量的基础之上的。同样,微信也需要注意力,关注度是一个微信公众账号价值的集中体现。

要解决如何提高微信关注度的问题,首先我们应该了解注意力的几个特点:

第一,注意力是不能共享,也不能复制的。因为注意力是人们对某个企业、某个产品或某种服务的持久关注,其他企业是不可能借用这种资源的。

第二,注意力是一种稀缺资源,是有限的。

第三,注意力充分体现了"从众效应"。如果一群人共同关注某件事,其他的人也会被影响,从而使注意力向着更集中、更主流的方向流动。

第四,注意力是很难量化的。

第五,注意力是能够进行传递的,比如你让一个明星来推广你的微信公众账号,受众的注意力就会从他所关注的名人传递到名人推荐的微信公众账号上。

第六，注意力能产生巨大的经济价值。因此，注意力又是一种不可多得的经济资源。

基于这些特点，一个微信公众账号要想获得更大的收益，就必须最大限度吸引用户的眼球，必须采取各种手段把握更多的注意力资源。毫不夸张地说，如何抓住用户的注意力，已经成为微信营销的关键。

要做到这一点，需要从以下几方面入手：

（1）重视产品与服务的同时，增强信息资产的积累

微信营销不但应该一如既往地重视产品与服务的质量，还应该增强信息资产的积累。如同任何一种营销方式，微信营销获得成功的前提与基础是产品与服务的质量。只有为用户提供优良的产品、人性化的服务，才能真正获得用户的关注，用户才会愿意与你建立长期信任关系。但是，互联网经济中往往存在大量干扰信息，即使有高质量的产品与周到的服务，如果这些信息无法吸引用户的眼球，也依然难免会落得个"门可罗雀"的下场。

因此，在经营微信公众账号的时候，还需要高度重视信息资产的积累。所谓的"信息资产"，指的是品牌、心智占有率等无形资产。在互联网时代，信息冗余与过剩会使大多数用户产生一种不知如何选择的迷茫感。当他们无所适从的时候，通常会选择那些知名度高的品牌。因为他们相信：品牌之所以广为人知，与企业的经营与努力是密切相关的，而且备受认可的品牌也是企业对其产品与服务质量长期重视与自我约束的结果。所以，选择了品牌，产品与服务也就无形之中得到了一种保障。对企业来说，这些信息资产是一种在需要时能随时兑现的无形资产，同时也是吸引更多的潜在用户关注自己的重要手段。

（2）针对目标用户建立"信息银行"，开展个性化的数据库营销

微信的主要用户是年龄为25~35岁、拥有高学历与高收入的年轻阶层。他们的特点是：拥有强烈的消费欲望，也具备充足的购买力，追求时尚与个性。因此，微信公众账号应该针对这一消费群体,来对自己的目标市场进行分析,使自己所推送的信息及开展的线上活动更具个性化特征。还可以建立"信息银行",按照数据库信息与用户进行更贴心的交流、更人性化的互动。

(3)注重与用户的双向沟通

相比其他社交平台,微信的优势就在于信息的封闭性、互动性、双向性。在利用微信进行营销的时候,一定要充分利用这些优势,多与用户展开双向沟通,从而获得他们的认同与注意。

(4)多为用户提供一些增值服务

微信用户的需求是非常广泛的,而且不同的群体会呈现出不同的特点。为了满足他们的不同需求,微信公众账号可以为他们提供更多的增值服务。比如鼓励用户参与产品的设计与决策,让他们选择产品的包装及运输方式,提高他们的参与意识与合作兴趣。

(5)别做"垃圾制造者"

在如今这个信息爆炸的时代,人们所缺乏的是对他们有用的、能创造价值的信息。因此,在进行微信营销的时候,一厢情愿地向用户推送各种广告、对他们进行信息轰炸是最不可取的一种做法。要知道,用户之所以会取消关注,最重要的一个原因是他们感觉自己受到了骚扰。每个用户都会关注很多微信公众账号,但是他们真正愿意花时间来阅读的,可能只有少数的几个。如果你希望用户时刻关注你的动态、主动接受你推广的信息,就一定要讲究内容发布的方式方法,多向用户推送一些令他们真正感兴趣的信息,如优惠促销、节日问候、互动小游戏等,而不要让自己成为一个"垃圾制造者"。

(6)珍惜用户的"碎片化时间"

用户的时间都是非常宝贵的,他们用于阅读微信的时间通常都是一些"碎片化时间"。所以,让自己的信息更适合于"碎片化阅读",才能吸引用户的更多注意力。同时,还要让自己的微信一步步实现从"焦点"到"记忆点"的转变,直到产生"卖点"。

2. 如何提高浏览量

对于传统网站来说,访问量是非常重要的,因为它是衡量网站流量的一个关键性的指标。访问量越大,说明这个网站的人气越高,广告价值越高,能带来的收益也就越大。对于微信营销来说,也有一个类似的指标——浏览量。浏览量越大,用户越多、越活跃,说明用户忠诚度越高,那么微信的价值也就越大。

提高微信浏览量,有一些实用的方法:

(1) 解答实用问题

微信推送消息的时候,可能用户恰好没有时间去阅读,那么,过后他会去阅读这条消息的可能性,就会随着时间的推迟而越来越低。此时,如果你的消息能够为他解决一些生活或工作中遇到的难题,他的浏览可能性就会大幅度提高。比如,如果用户正在为身体肥胖、减肥又始终没有效果而苦恼,而你推送的消息中恰好有与减肥相关的话题,用户通常会选择打开读一读,看看是否对自己有帮助。

(2) 采取一定的激励手段

在大多数时候,用户评论或分享信息的主动性并不高。但如果你能采取一定的激励手段,如分享即可获折扣券、抽奖机会等,用户的分享积极性就会迅速被调动起来。他的分享能够将更多的人引流到你的微信公众账号上,从而大幅度提高浏览量。

(3) 成为用户的朋友

一句真诚的问候、贴心的关怀,胜过一百句毫无感情的骚扰。努力成为用户的朋友,他们才愿意花时间来阅读你的信息。

（4）自动回复

微信公众账号应该根据用户回复的关键词，来进行内容的规划，只有这样，才能使用户的需求得到满足。实现自动回复的途径是多种多样的，如关键词快捷回复、自动应答菜单等。善于利用这些功能，不但能使用户获得更好的体验，还能有效提高浏览量。

（5）重要的文章要重点展示

推送消息的时候，那些重要的、有吸引力的文章，一定要安排在最为显眼的位置。如果这些文章恰好符合用户的口味，让他们情不自禁地一读再读，微信的浏览量在无形之中就得到了提升。

（6）策划专题

适时策划一些专题，吸引那些关注这个话题的人不断来阅读。如果他们认为这个专题是有价值的，还会分享到同样感兴趣的圈子里，吸引更多的人点击阅读。

（7）在文章中加入"微链接"

所谓"微链接"，指的是在你所发布的热门文章中加入微信中其他文章的链接，让那些对文章感兴趣的人能通过点击阅读到其他文章。

（8）栏目安排要清晰、合理

微信公众账号所推送的信息通常是由多个栏目所组成的，栏目安排一定要简单明了，而且要给这些栏目添加一个清晰的索引，让用户可以便捷地阅读自己最关注的文章。同时注意每则信息的内容不要太多，以免让用户在阅读的时候产生疲劳感。

（9）不断更新

微信内容一定要不断更新，尤其是对于那些每天都可以推送一条消息的订阅号来说，这一点显得更为重要。如果你长时间不更新，你的微信很可能会淡出人们的视线，久而久之，用户就会逐渐流失。

3. 如何提高互动率

很多微信公众账号在早期就解决了粉丝积累的问题，却始终无法解决微信互动的问题。这样一来，微信在营销方面的价值就得不到淋漓尽致的发挥。毕竟，微信作为一个强关系链的社交平台，最显著的一个特点就是互动的便利性。而且，有互动，才会有持久的关注，才会有购买与消费。

下面我们来介绍提高互动率的一些切实可行的方法：

（1）趣味小测试

通过微信公众账号来给用户推送一些趣味小测试，如星座测试、心理测试、血型测试、肤质测试、智商测试等。对此感兴趣的用户就会踊跃答题，与微信公众账号进行互动。要注意的是，用户提交选项之后会得到一个自动回复，不要忽视这个自动回复的价值，在末尾添加一些促销信息，往往能收到意想不到的收获。

（2）小游戏

设置一些耗时短、难度低又有趣的小游戏，当用户工作疲劳或乘坐交通工具的时候可以用来打发时间。

（3）有奖问答

通过微信公众账号可以开展一些有奖问答之类的竞猜活动。有奖问答的题目以3~5道为宜，上一道问题的谜底应作为下一道问题的枢纽词，最好环环相扣，从而诱发人们不断与微信公众账号进行互动。对那些答对问题的用户要进行奖励，鼓励他们在领到奖品之后进行晒单，再次与微信公众账号互动。

（4）发放刮刮卡

通过微信公众账号发放一些刮刮卡，让用户来刮奖，不但能激起用户的好奇心，还能促使他们将这些活动分享给自己的好友。

（5）鼓励用户反馈意见

用户通过微信公众账号反馈意见，是互动的一种主要方式。要多鼓励用户反馈自己的想法、观点，为此，你可以罗列出一些具体的选项，让用户自由选择。

（6）二维码

将微信公众账号的二维码印到宣传海报、广告传单上，人们只要扫描二维码就可以与微信公众账号进行互动。这不但能够吸引大量的潜在用户，而且成本低、效果好。

总而言之，要想提高微信公众账号的互动率，最重要的一点是要策划一些有趣的、能让用户真正获得收益的小游戏或互动活动。要注意的是，互动的方式一定要简单，因为复杂的游戏会让人们失去耐心，也不要设置过高的参与门槛，应该让更多的人参与其中。

4. 如何提高曝光率

对于网络营销来说，信息的曝光率是至关重要的，微信营销也不例外。你的信息只有不断曝光，被更多的人看到，才能吸引更多人关注你。相反，如果你的信息沉寂在一个无人知晓的角落里，那么，即使它再有价值、质量再高，也不可能为你带来用户。

在这里，我们应该区分两个概念——"曝光率"与"到达率"。在微信上，因为信息都是群发到用户手机中的，到达率是100%的。但曝光率与到达率完全是两码事，曝光率指的是在一段时间内信息被展示的次数，是衡量信息发布效果的一个重要指标。

提高曝光率，最重要的是要推广你的微信公众账号，让它被更多的人看到、知道和了解。那么，应该怎样进行推广呢？在这里简单介绍几种网络推广方法：

（1）利用搜索引擎进行推广

在互联网上，搜索引擎可以说是一大奇迹，它能够使网民们方便地在互联网这个信息海洋中找到自己所需要的信息，也给营销者提供了一种受众广、针对性强且效率高的发布途径。我们也可以利用这个工具来推广自己的微信公众账号，从而使其获得更高的曝光率。

利用搜索引擎进行网络推广，有两种策略：付费搜索引擎广告和免费搜索引擎推广方法。

①付费搜索引擎广告策略

付费搜索引擎广告策略是指企业在主要网站上做广告。搜索引擎广告是需要向搜索引擎支付广告费的，一般可以分为固定付费和竞价排名两种：固定付费是按年或月为单位，对固定的广告位或固定移动范围的广告位支付费用；竞价排名则是根据对所选关键词出价的高低，对其网站进行排名，出价越高排名越靠前，并按点击次数收费。

百度、谷歌、雅虎是人们最为集中使用的三个网站，它们在付费搜索市场上存在各自的优势和特点。

百度：百度是全球最大的中文搜索引擎，具有中文搜索优势突出、获得新客户平均成本低、推广关键词不限等特点。百度的主要用户是年轻消费群体，他们关注时尚、娱乐信息，适合于偏重时尚娱乐产品的企业。

谷歌：谷歌是全球最大的搜索引擎（覆盖200多个国家），它享有用户满意度最高、点击质量最高、续费率最高等优势。谷歌的主要用户群是高学历高收入的白领，由于它在国外市场占有率最高，因此适合外向型企业做产品的国外推广。

雅虎：雅虎的优点在于搜索双通道、覆盖人群广、优质客户多等。搜索双通道是指双搜索实现双入口，即地址栏搜索和雅虎搜索框搜索。另外，雅虎的商业搜索流量比重大，占信息搜索总量的70%以上。并且,由于阿里巴巴的并购，雅虎实现了众多平台的整合，构成了一个比较健全的网络营销体系。在这个平台上，雅虎轻松拥有了数量庞大的优质商业用户群体，加上其多年来累积的高素质网民群体，共同构成了雅虎搜索竞价产品独具魅力的商业价值。

②免费搜索引擎推广策略

免费搜索引擎推广应该注意以下几点：

第一，设计恰当的关键词组合。潜在用户在查找产品、企业信息的时候，通常以产品名称、行业名称及公司名称等为条件来进行搜索的。因此，在推广你的微信公众账号的时候，一定要设置一个恰当的关键词组合。

第二，对搜索引擎的关键词进行优化。搜索引擎的关键词优化指的是让关键词设计更适合搜索引擎的检索，从而使你发布的信息的排名更靠前。关键词优化不但要求优化自身的信息，而且要对竞争对手的微信公众账号信息进行整合，从而让搜索用户在搜索竞争对手的相关信息时，也会看到你的微信公众账号。

第三，增加关键词密度。关键词密度是指关键词的数量在文本中所占的比率。对于网络优化来说，关键词密度是十分重要的，一般认为4%左右的密度是比较合适的，因为较高的密度会被搜索引擎视为作弊。除此之外，在设计关键词密度的时候，还可以适当参考竞争对手的密度分布。

第四，注册免费会员。企业可以在网上商店（如易趣网、淘宝网），分类广告网站（如赶集网、58同城、口碑网等），网上拍卖，B2B行业性网站（如慧聪网、阿里巴巴网、买卖网），以及相关产品的论坛上注册免费会员，在网站许可的范围内大量发布推广信息。

企业在选择搜索引擎推广策略的时候，应根据关键词的热门程度而定。一般来说，普通热门的产品关键词，采用免费搜索引擎推广策略就可以达到目的了。而对于竞争激烈的产品，建议同时使用付费搜索引擎推广和免费搜索引擎推广，这两种方式互相结合，互相辅助，能起到更好的作用。

（2）利用博客进行推广

现在，越来越多的博客作者通过写博客来进行产品、品牌推广。微信公众账号的推广也可以采取这种形式。博客主人通过发表各种形式的博文，比如纯文字、图片、视频、语音，或是这几种相结合，来与博客的浏览者进行沟通。浏览者也可以跟帖发表自己的意见，在博客里形成一种互动。除此之外，博客具有很强的身份识别性，不同的博客可以针对不同的目标群体来进行推广，便于实现精准营销。

（3）利用论坛进行手工推广

如今，论坛已经成为互联网的一种主要形态，几乎每一个门户网站都会设立各种各样的论坛。论坛之所以活跃，靠的是网友之间的互动，那些有共同兴趣、共同需求的网友们能够自由地在各类不同的论坛里针对自己感兴趣的主题进行交流，坦诚相见，互通有无。利用论坛来推广微信公众账号，有利于直接定位到那些对自己感兴趣的群体。

利用论坛推广的时候，要注意以下几个问题：

首先，应该根据微信公众账号的特点，选择合适的、人气比较火爆的论坛。

其次，是否能将微信公众账号成功地推广给更多的人，关键在于论坛帖子的设计。可以利用论坛头像及签名档来进行宣传，也可以把微信公众账号中的一些精华文章转载到论坛里发布，并插入微信公众账号的二维码。

最后，推广帖子发出之后，不要以为就万事大吉了，要及时对其进行跟踪、维护。不然用不了多久，它就会沉到"水底"，无人关注，特别是那些人气很旺、话题不断的论坛。所以，一定要多顶帖，让你的帖子始终在论坛的第一页。这样才能让更多的人能看到这些信息，提高微信公众账号的曝光率。维护帖子的时候，不妨多从一些反面角度去回复，如果能引起争论就最好不过了。这样能吸引更多的人加入争论的队伍，有助于把帖子炒热。

(4)利用"病毒"进行自动推广

这里所谓的"病毒",指的不是那些到处传播疾病的病毒,而是指发布一些有意思的、新奇的、有趣的,并与微信公众账号有关的信息。让目标用户主动进行传播,借助口碑的力量,通过人际网络,让信息像病毒一样不断进行扩散,从而提高微信公众账号的曝光率。

利用"病毒"进行推广主要有以下两个步骤:

第一,应该创建一些话题性强、便于传播、吸引人眼球的"病毒",将你的微信公众账号巧妙植入"病毒"之中。

第二,寻找那些容易"感染"的潜在用户群,找到传播效果好的媒体(如人气高的社区、论坛、视频网站等),通过他们把"病毒"传递给更多的人。

这种推广方法实施难度比较大,但如果能够获得成功,效果绝对是最佳的。

(5)利用网络广告进行推广

网络广告主要指的是那些以网络为主要投放渠道、以广告宣传为目的的信息,如关键词广告、网络联盟广告、图像式网络广告、邮件广告等,随着互联网的迅猛发展,网络广告已逐渐成为网络推广的一种主要形式。和传统广告相比,网络广告具有很大的优势,包括传播范围广、能有效监控、交互性强、不受时空限制、投放灵活有针对性、效果可量化、有文字语音视频等多种载体、费用相对比较低等。在通过网络广告推广微信公众账号的时候,应该根据自己的产品情况、经济能力,选择合适的网站、合适的广告位及合适的时段来进行投放。

(6)利用软件进行推广

使用最为广泛的推广软件有搜索引擎登录软件、微博群发软件、QQ群发软件、论坛群发软件、邮件群发软件等。通过大量发布信息,可以让更多的浏览者了解到你的微信公众账号。但需要注意的一点是,不要滥发那些没有经过许可的垃圾邮件,一定要提供给接收人有用的信息。

利用网络来推广微信公众账号，方法是多种多样的，每一种方法都具有不同的优缺点。因此，你可以综合运用多种方法，而不是只使用一种方法。在网络这个错综复杂的环境里，到底哪些方法的组合最适合你的微信公众账号，最能够提高信息曝光率，需要进行长期的测试。找到以后再加大这个组合的投资，把效果放大，这样才能达到事半功倍的效果。

5. 如何提高活跃度

企业进行微信营销，一个重要的原则是"重质不重量"。而所谓的"质"，衡量标准就在于用户的活跃度高低。因为活跃度代表着用户的参与度，只有用户真正参与到微信营销中来，才能提高你微信的重复打开率。

提高用户的活跃度，方法有以下几种：

（1）利用用户的社交关系

微信是一种建立在熟人关系基础上的社交平台，每一个用户在微信上都有很多社交关系，如朋友、亲人、同学、同事、校友等，每一种社交关系都拥有一定的营销性。要充分调动起用户向自己的社交关系分享微信的主动性与积极性，让你的微信被更多的人知道。

（2）线上、线下活动相结合

开展丰富多彩的线上活动，如答题游戏、转盘抽奖、互动小游戏等。再配合以多元化的线下活动，如扫二维码获得抽奖机会、关注微信号9折优惠等，提高用户的参与度。

（3）提高沟通频率

沟通频率会极大地影响到你们的关系，多与用户进行沟通，提高沟通频率，用户的活跃度自然也会得到很大的提升。

（4）给用户一些温馨提示

通过微信，你可以适时地给用户发布一些温馨提示。如果你的微信公众账号是与化妆品有关的，那你可以根据季节及用户所在的地域，向他们推送一些护肤提醒，告诉他们应该注意哪些事项等。你还可以根据用户的肤色、肤质、购买能力等进行分组，根据这些关键词向他们推送一些适合的产品推荐。

（5）及时回复

如果用户给你留言，你一定要及时进行回复，因为回复也是提高用户活跃度的一种方式。尤其是要对那些分享了你的信息的用户表达自己的谢意，让他们感受到被尊重。

第三节 如何在营销红海中游刃有余

1. 善用事件营销，借事发力

如今，作为一种新兴的公关传播和市场推广手段，事件营销已日益成为企业公关、营销的一种有力武器。它能够在最短的时间里，用最快的速度赢得最好的效果，制造出最大的影响力。很多国内外企业成功地运用事件营销，在给自身带来不错销售业绩的同时，也带动了良好企业品牌的建设。

事件营销指的是企业在保证真实及不损害消费者利益的基础上，进行相应的策划、制造、举办或利用具有一定的宣传价值的事件和活动。通过"热点新闻效应"来吸引媒体和公众的注意力，引起广泛的兴趣，从而提高企业的社会知名度，塑造企业的良好形象，并最终促进产品或服务的销售。在微信营销中，我们也可以善用事件营销这个利器，借事发力。而且，微信作为一个即时交流工具和信息推送平台，也能为事件营销提供充足的便利条件，使它的威力更加升级。

一般来说,事件营销的切入点可分为三种类型,即公益、聚焦和危机。这三类事件都是用户最为关注的,并且具有深厚的影响力,因而具备较高的传播价值。

(1) 公益

企业以公益作为切入点,指的是企业主动承担起社会责任,加大对社会公益等方面的事件及活动的参与度,来赢得人们的关注,增强消费者对自己企业品牌的认知度及美誉度,从而树立企业的良好形象。随着社会的发展和进步,人们对公益事件的关注度越来越高,企业对公益活动的支持也越来越体现出巨大的广告价值。因此在微信公众账号上,企业可以多推送一些与公益有关的信息,或者企业在公益中的表现与贡献,从而提高用户对企业的信任度和关注度。

(2) 聚焦

以聚焦作为切入点,指的是通过吸引消费者注意力的热点事件来进行企业宣传。在进行微信营销的时候,应及时抓住这种事件,结合企业的传播或销售目的展开新闻"搭车"、广告投放和主题公关等一系列营销活动。

在聚集事件中,抓住公众的情感纽带也是吸引注意力的一个重要方式。比如,很多规模较大的体育竞赛和表现出众的运动员能够引起公众的注意,他们通常也会关注参与其中的企业品牌。企业一旦抓住这种情感并参与其中,就很容易争取到这部分公众的支持。

(3) 危机

在错综复杂的商业环境中,企业随时都有可能面临各种各样的风险。当企业遭遇危机的时候,可利用微信来进行有效的危机公关。若处理得当,这些危机事件不但不会对企业造成危害,反而还能带来意想不到的广告效果。

在进行事件营销的时候,还要注意策略的运用。只有在推广中采用适当的策略,才能起到事半功倍的效果。

(1)造势策略

企业应该安排相关责任人员策划一些适合在微信平台上开展的富有创意的活动,或者人为地制造出一些适合在微信上传播的、与企业产品相关的事件。以此来引起用户的关注,为企业造势,这也是事件营销中比较好用的一种策略。

(2)借势策略

在微信上多发布一些大众关心的热点话题,并把企业带入话题的中心,由此引起用户的关注,这就是借势策略。当然,在社会上,每天都会出现许多大众关心的热点问题,什么样的热点问题适合借势,则需要微信运营者进行深度调研,从诸多热点问题中筛选出和自身主题相关的话题。

(3)概念炒作策略

概念炒作策略指企业为自己的产品或服务创造一种全新的理念,并在微信上进行"炒作",从而在用户中引领新的时尚和潮流。这里所说的"炒作",并不是恶意炒作,而是把握分寸、以吸引用户注意力为目的的良性炒作。

值得注意的是,事件营销的利益与风险并存,微信运营者既要学会取其利,又要知道怎样避其害。对于一些风险项目,首先要做的就是风险评估,这是进行风险控制的基础。风险评估之后,根据风险等级建立相应的防范机制。事件营销展开后还要依据实际情况,不断调整和修正原先的风险评估,补充风险检测内容,并采取措施化解风险,直到整个事件结束。

总而言之,在微信营销中,事件营销往往能够发挥"四两拨千斤"的功效。微信运营者应该采取各种手段来抓住公众"注意力"这个稀缺资源,发挥出事件营销的最大效果。

2. 用"圈子"圈住核心用户

中国是一个人情社会,在我们的生活里,到处都会感受到"圈子"的存在。大到一个地域、一个城市的圈子,小到一个行业、一个企业的圈子,每个人都生活在某个圈子里,我们很难找到一个完全离群索居、不属于任何圈子的人。古人曾经说过的"物以类聚,人以群分",几乎成了圈子的一个最准确的注脚。也正因为这样,消费者们就天然地分布在各种各样的圈子里,每个圈子里的人们都拥有某种共通的特性,比如同样的兴趣爱好、同样的利益追求、同样的生活品位、同样的人生目标等。

在微信上,也存在着数不清的圈子。在这些圈子里,每个人都是平等的,可以互相交流,也可以互相分享,人人都扮演着信息的发布者、传播者的角色。通过圈子,人们不断地拓展着自己的人际关系,用自己的观点来影响着别人,同时也潜移默化地接受着别人的影响。正是这种互相影响,给微信营销带来了巨大的机会。

首先,某个企业在进行微信营销的时候,所锁定的目标用户群,一定是属于某个"圈子"的人群。比如,户外旅游类的微信公众账号的目标群体是那些登山、徒步、骑行等旅游爱好者,他们中很大一部分都会加入一些"驴友会"等协会或组织。所以,企业在进行微信营销的时候,不但需要对用户群进行观察、分析,还需要对用户的圈子加以关注、研究,从而找到他们所属的各类圈子,将圈子作为信息分享与传播的途径,利用他们之间的人际互动来实现营销。

其次,人们之所以会形成一个圈子,是因为他们在兴趣、爱好等方面存在着很多共同的特点,这些特点会对他们的消费行为、品牌偏好造成影响。比如,在企业家的联盟中,大多数成员往往会倾向于进行一些高尔夫、网球等高端运动。挖掘和了解圈子里的这些人在兴趣爱好上的共同点,有利于微信公众账号进行准确的内容定位和信息推送。

最后,一个圈子在长期发展过程中会形成一些大家都认可的意见,这些圈子意见不论是对圈子的成员还是对圈外的消费者来说都有着巨大的影响力。比如，现在一些人在决定是否购买某种产品的时候，会习惯到网上进行信息搜集，如到各类行业论坛中搜索其他人的使用感受，然后根据他们的感受来做决定。因此，在进行微信营销的时候，一定不能忽视这些圈子意见的影响力，要对它们加以利用，使它们成为吸引新用户、实现用户转化的一种手段。

从以上的几点可以看出，圈子在微信营销方面拥有无穷的魅力，可以利用的空间也是非常广阔的。那么，在微信营销中，如何才能用"圈子"圈住核心用户呢？

（1）自己打造圈子，组织各类线上、线下活动

什么样的圈子最好用？当然是你能够掌握并拥有充分发言权的圈子。要在一个已形成了成熟生态的圈子里成为意见领袖并不是一件容易的事，相对来说，从头开始一手打造起一个圈子反而更简单一些。比如，汽车品牌的微信公众账号可以组建"车迷会""粉丝俱乐部"等，形成本品牌的圈子，努力经营这个圈子，扩大它在行业里的影响力，吸引更多的汽车爱好者加入进来。

自己打造圈子最重要的一点，是要多组织一些线上、线下的精彩活动。只有这样，才能吸引更多的人参与，提高成员们的活跃度，从而扩大圈子的知名度。圈子的影响力对微信营销的效果发挥着巨大的作用。除此之外，还要为成员们提供一些切实的服务工作，因为在圈子里人们分享的不只是正面信息，还有一些负面信息，如果服务跟不上或不到位，就会导致很多负面信息的产生与传播。

（2）支持或赞助目标圈子，与它们进行密切合作

无论是在互联网上，还是在微信平台上，都形成了很多成熟的、颇具规模的圈子，这些圈子经常会举行各种各样的活动。如果这个圈子的成员恰好是微信营销的目标对象，那么，你就应该多与这些圈子进行合作，对他们的活动进行支持和赞助。这不但能够让企业、品牌与圈子建立起关联，有利于企业品牌

的塑造和信息的传播,还能进行有针对性的营销活动。比如,一些户外运动装备生产厂商,经常会与各类登山、旅游等团队进行合作,在他们举办户外活动的时候,给他们提供赞助,或者鼓励圈子里的成员关注它们的微信,领取相应的户外礼品等。这样,圈子里的成员就会逐渐认可它们的产品,还会主动推荐给其他朋友,形成一种"口碑营销"的效果。

(3) 建立目标圈子数据库,挖掘用户数据价值

用微信营销的时候,应该形成建立圈子数据库的意识,对用户的基本特征、行为偏好、喜好品牌、购买时间、消费反馈等数据进行收集,并动态管理这些数据。利用对用户数据的深度挖掘,来对微信营销活动进行指导,甚至还可以针对某个圈子里的成员进行专门的信息推动,实现定向传播,达到更好的营销效果。

(4) 善于利用圈子里的意见领袖,通过他们来辐射其他人

任何一个圈子里,都会有几个意见领袖,他们的意见是大家尤为关注的,很多人在潜移默化中就会受到他们的影响,做出与他们一致的选择。因此,进行微信营销时,应该善于利用圈子里的意见领袖,必要时可以与他们展开合作,让他们通过微信发表一些对企业、品牌的感受与体会,利用他们在圈子里的影响力对其他成员进行辐射,从而传播品牌价值。

当然,利用圈子来进行微信营销,也有一些需要特别注意的地方:

第一,圈子不能太大。如果圈子过大,对成员的辐射力和影响力就会大大降低,而且成员们还会失去那种作为"少数人"的优越感,从而离开这个圈子。并且,圈子过大还会导致成员在各方面的分歧增多、扩大,使微信营销的价值大大缩水。

第二,圈子营销属于涵盖面比较窄的营销,在进行微信营销的时候,要从圈子成员的共同点来入手,不要过度放大这些共同点,避免出现定位不准的情况。

第三,对品牌的要求比较高。作为小范围、追求极致、重视质量的圈子,追求的肯定也是小范围、高端化的享受。如果微信营销所推广的产品、品牌无

法满足他们的需求,他们就会毫不犹豫地将其抛弃,甚至还会对其进行负面传播,给品牌造成难以弥补的损失。

总而言之,圈子就是个人资源与社会资源进行交换、分享、整合的一个平台,利用圈子来进行微信营销,能够充分利用人脉、信息、舆论等资源。从某种程度上来说,圈子决定了核心用户的数量与质量。

3. 差异化策略,与众不同才是卖点

要想充分发挥微信营销的价值,利用微信这个平台获取更多的利润,一条最简单的道路就是,发挥企业的独特优势,进行差异化策略,以个性作为卖点。

差异化策略,指的是企业在运营微信公众账号的过程中,以产品或服务独特的某一部分乃至全部不同于其他企业的产品或服务的优势,作为主要宣传重点,使用户了解到企业的与众不同之处,从而诱发他们的关注和购买热情。

差异化策略,主要可以分为战略和战术两个层面。在战略层面上,差异化所表现出来的更多是一种"定位"的概念。这种差异化是企业必须要长期坚持的,不能怕别的企业跟进。在战术层面上,差异化表现出来的更多的是一种"创意"的概念。这种差异化可以根据企业所拥有的资源、条件来及时进行更新。

由此可见,在制定微信营销的差异化策略时,必须要充分考虑到企业所拥有的资源。只有在企业资源允许的情况下,才能进行差异化,不然,就是做"无米之炊",只会导致失败。但是,资源的利用也有一定的限制条件,不是企业拥有的所有资源都能够形成差异化。差异点的条件有三个:消费者关注的,竞争对手没有的,自身十分擅长的。只有找到同时具备这三个条件的差异点,才能使企业真正营造出比对手更强的优势,才能使这个优势得到用户和市场的认可。

(1)制定微信差异化策略的三个途径

那么,怎样才能制定出微信营销的差异化策略呢?主要可以从产品差异化、细分市场差异化,以及渠道差异化三个途径入手。

①产品差异化

对于任何一家企业而言，产品和服务都是发展的基础。在微信营销中，这一点表现得尤为突出。一个企业如果能够拥有独特的或出类拔萃的产品和服务，在微信上可能不必进行大肆宣传，就会有很多用户主动关注它的微信，进而通过微信成为忠实客户，为企业贡献利润。

②细分市场差异化

不同的消费者对产品和服务的特点有着不同的要求，因此，针对消费者的不同需求，通过微信公众平台为用户提供更好的差异化、个性化解决方案，就会赢得更多用户的喜爱与关注。要做到这一点，就必须对市场进行深度细分，并根据细分所得出的结果，制定科学的差异化策略。

要注意的一点是，对市场的细分离不开对消费者需求的准确把握。要准确了解消费者的需求，就必须深入市场，进行仔细的调研，充分搜集、分析各类市场信息。由于不同的消费者强调的侧重点可能会存在一定的差异，企业还需要向各类消费者进行典型调查，寻找消费者的不同需求。除此之外，企业还应在充分的市场调查的基础上，初步判断目标市场，并对每一个细分市场的消费者数量进行预测，对细分市场上的产品竞争状况及发展趋势进行深入分析，放弃潜在需求量较少的子市场，把潜在需求较大的子市场作为目标市场。

③渠道差异化

竞争不只是单纯的产品之间的竞争，也是渠道之间的竞争、价值链的竞争。所以，通过优化企业的渠道，通过差异化来建立渠道的竞争优势已成为微信营销的一个重要战略。

（2）实施微信差异化策略应注意的问题

在实施差异化战略的时候，企业还应特别注意以下的问题：

①差异化要被用户认同并接受

微信营销的差异化战略应该把用户的需求放在第一位。差异化是否能够被用户所认同和接受，是差异化策略能否取得成功的一个关键。因为只有那些被用户所接受的差异性，才能为企业带来更多的市场份额。而对于企业而言，要想准确把握用户的需求，就需要进行详细的市场调查、具体的市场细分，以及准确的市场定位。只有以此为基础，才能更好地满足用户的需求。

②**适时进行创新**

任何差异都不可能一成不变，因此差异化策略的实施是一个持续而动态的过程。随着微信的发展，用户结构在不断发生着变化，目标用户的需求也随时都会发生变化，昨天的差异化可能很快会变成今天的一般化。因此，企业要想利用好微信营销这一利器，就必须要不断对差异点进行创新，用创新去适应用户需求的变化，从而真正实现企业的"差异制胜"。

第八章

微信营销效果的考核与评估

第一节 微信营销的考核标准

关键绩效指标，也就是 KPI，是企业进行绩效考核时常用的一种工具。一般来说，关键绩效指标指的是一系列对企业的发展及成功起到重要作用的评价指标。那么，对于微信营销来说，又有哪些 KPI 呢？

1. 内容价值性

微信内容是否有价值，是影响微信营销效果的一个重要因素。内容考核指标主要包括：

第一，标题是否引人入胜。
第二，导读是否具有可读性。
第三，正文是否具有趣味性、服务性、贴近性、有用性。
第四，栏目设计是否合理、美观。
第五，是否插入了二维码。

如果内容能够成为关注者的生活帮手、信息渠道，微信才能真正赢得他们的认可与关注。

2. 互动率

微信的互动率是指关注者对于企业微信公众账号的使用频率，这方面的考核指标包括以下三部分：

（1）浏览量

浏览量能够说明关注者的参与程度，浏览量越高，说明访问你的微信公众账号的人越多、越频繁。同时，它还能帮助你了解你所推送的信息是否达到了良好的传播效果。这也能帮你进一步优化、改善你的内容。

（2）评论量

在微信上，你所发布的任何信息都可能会成为双向沟通的话题。评论的人越多，说明你的信息关注率越高，你的话题就越有针对性。你可以根据用户的评论来进行话题策划。

（3）分享率

要想使你的内容得到更多的传播，见效最快、最为便捷的一种方式就是，让人们在自己的好友圈、微信群或其他社交平台（如微博、QQ）上进行分享。分享的人越多，信息的传播范围就越广，传播速度也就越快。

3.关注者数量

虽然关注者的数量不能与微信的价值画等号，但两者之间是正相关的关系。比如，在同一段时间里，某个活动吸引到的关注者增幅是500人，而另一个活动吸引到的关注者增幅是1500人。那么，这两个活动哪个更能吸引用户、哪个能为企业带来更大的收益，也就不言而喻了。因此，关注者越多，通常来说，微信营销的效果就越好。我们很容易就能从直观的数据上看出微信营销的价值。但是，要避免进入一个误区：过于追求关注者数量而忽视了质量。对于关注者数量的评估要充分考虑到微信营销的目标、功能的使用情况及信息的传播效果等。

4.功能受欢迎度

微信公众账号的功能主要包括三部分：内容功能、营销功能、实用功能。

所谓"内容功能",指的是信息的推送、关键词回复、自动回复等。比如用户输入"企业介绍",就能获得关于企业的详细介绍,输入"企业文化",就能了解有关企业文化的一些信息。"营销功能"指的是企业根据自身的营销需求而对微信的内容、栏目、版式进行设计的功能。比如在微信中添加互动小游戏、性格测试、转盘抽奖等板块,与用户进行互动。"实用功能"指的是天气预报、余额查询、股票信息等实用性的功能,以及企业根据自身的特点利用开放接口开发出来的其他功能。

5. 转化率

微信是否能够盈利,转化率是非常关键的标准。转化率指的是在微信关注者中,有多少人曾经做出了对微信有利的行为,如购买行为、交易行为、收藏行为、推荐行为、分享行为、咨询行为、二次访问行为等。转化率也是评估一个微信公众账号综合运营实力的关键性指标。

微信转化率的考核指标包括品牌、产品吸引力、服务、用户体验等。这几个方面做得越好,转化率就越高。

第二节 如何进行 KPI 考核

微信营销要想取得良好的效果,就一定要以良性互动、人性化沟通、为客户提供更好的服务为原则,其 KPI 考核也必须遵循这样的原则。

那么,应该如何来开展 KPI 的考核呢?具体计算方法如下。

1. 关注者数量

关注者数量 = 原有关注者数量 + 新增关注者数量。

相比微博、QQ 等社交平台,微信公众账号的关注者更加精准,带来的转化率也更高。因此，必须充分重视关注者数量的增长。

2. 互动率

互动率 = 关注者数量 × 功能受欢迎度。

微信公众账号的互动率取决于关注者数量及功能受欢迎度两个因素，并与它们呈正相关关系。

3. 用户忠诚度

用户忠诚度 = 内容价值性 × 互动率 × 功能受欢迎度。

用户忠诚度与内容价值性、互动率及功能受欢迎度呈正相关的关系，内容价值性越高，互动率越高，功能越受欢迎，用户就越忠诚。

4. 转化率

转化率 = 用户忠诚度 × 关注者数量。

微信公众账号的转化率与用户忠诚度及关注者的数量都有密切关系，用户越忠诚，关注的人越多，转化率就越高。

第三节 微信数据统计的利用

2013年8月29日，微信公众平台增加了数据统计功能，微信公众账号可以通过对用户数量、图文消息阅读人数及消息分享转发人数的统计，对账号的运营状况进行了解、分析。利用微信数据统计，可以有效地监控微信的运营效果。

微信数据统计功能主要包括四个部分：用户分析、图文分析、消息分析及接口调用分析。

1. 用户分析

通过用户分析这个功能，微信运营者可以清晰、直观地了解账号的用户增长情况及用户的基本属性。

用户增长情况主要包括新增人数、取消关注人数、净增人数、累积人数等。以曲线图和数据表两种方式来展现，使微信运营者能够精准把握人数增减的趋势。

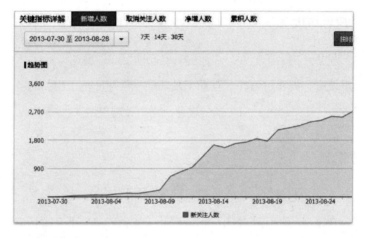

用户基本属性则包括用户的性别、语言、地域及这几个类别各自在总关注人数中所占的份额。

2. 图文分析

图文分析由图文群发及图文统计两个模块组成。通过图文分析，微信运营者可以看到每篇文章被多少用户接收、图文页阅读人数、原文页阅读人数及分享转发人数和次数等。除此之外，微信运营者还可以按照图文页阅读人数、分享转发人数进行排序。这样，就可以清晰地分析出在某个时间段里哪些文章是最受欢迎的。

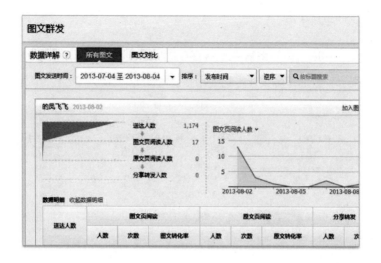

3. 消息分析

消息分析主要是查看针对用户发送的消息的统计，包括消息发送人数、次数等的分析。通过这个功能，微信运营者可以了解到用户与微信公众账号的互动情况。

4. 接口调用分析

通过这个功能，微信运营者可以查看接口调用的相关数据统计，如接口调用了多少次、失败率是多少及平均使用多长时间等。

值得注意的一点是，所有数据统计都是从 2013 年 7 月 1 日起开始的，当天数据一般在第二天上午进行更新。

实践篇

微信营销实例

第九章

传统行业的
微信营销策略

第一节 明星自媒体的微信营销策略

在博客盛行的年代，徐静蕾是最大的赢家。随着微博如火如荼地发展，姚晨又成了当之无愧的"微博女王"。这说明，明星与社交网络之间，有着天然的契合点，这两者的结合，往往会引起粉丝们持久、火热的关注。

而在微信这个平台上，明星利用微信公众账号做自媒体，也有着先天的优势：他们粉丝众多，拥有社会上最多的注意力资源，哪怕不做宣传，也能吸引很多人的关注。明星效应使得很多人对他们怀着强烈的好奇心，愿意主动通过微信公众账号与他们进行交流、互动。他们在社会上的巨大影响力，也使他们所举办的活动往往会出现"一呼百应"的效果，达到极高的用户活跃度。

虽然相比其他行业，明星自媒体在微信上拥有很大的优势，但如果不认真经营的话，也不可能取得成功。现在，很多明星的微信公众账号，只是向粉丝打招呼、示好的工具罢了，根本起不到应有的作用。其实，如果明星能够在微信上实现与自己的特点、公众形象相匹配的功能，开展多种多样的精彩活动，不但能够提高粉丝忠诚度，还能提高自身的商业价值。

具体来说，明星自媒体的微信营销策略分为以下两种：会员制、粉丝互动渠道。

1. 会员制

会员制是生活中常见的一种营销方式，比如酒店和超市的会员卡、通信公司和银行的 VIP 会员等，都属于会员制营销。会员制从本质上来说，是一种用户管理方式，是为了维护与用户的长期关系而发展出的一种关系营销模式。它的初衷是为了牢牢抓住用户的心，提高会员的忠诚度和满意度，从而诱发他们更多的消费。

会员制营销有三个好处：

第一，留住老用户。通过为用户提供相对低廉的价格、差异化的服务，与用户建立起长期的、互信的、稳定的关系，满足他们的需要，使他们逐渐转变为忠诚用户。

第二，吸引新用户。这一点是通过两种方式来实现的，首先，会员制的很多优惠与特殊服务对新用户有一定的吸引力，使他们愿意加入其中；其次，已经加入会员制的用户会对新用户进行口碑宣传，从而吸引他们的加入。

第三，建立完善的用户数据库。一个数据丰富、及时更新的数据库对于任何一个企业来说，都是强有力的营销工具，它能被应用于很多营销活动中。而会员制则能有效促进这个数据库的完善，因为当用户成为会员时，必须提供较全面的个人基本资料，如姓名、性别、年龄、地域、教育背景、文化水平、婚姻状况等。而且，会员制也能持续跟踪用户的消费行为，如喜欢的品牌、购买了什么产品、购买频率、购买时间等。这些真实可靠的用户数据能够为企业的其他部门提供支持，从而找出企业产品存在的问题，优化产品，为用户提供更有针对性的服务。

鉴于会员制的种种优势，明星自媒体在微信营销中也可以采用这样的形式。明星的微信公众账号采用会员制，有着充足的前提条件。首先，明星微信公众账号的订阅用户们大多是他们的粉丝，数量广泛，并且已经培养起了很高的忠诚度；其次，粉丝追星的热情高涨，他们有了解明星、接近明星的强烈欲望，成为"会员"会给他们带来一种优越感，他们愿意为此买单。

现在，有一批明星已经开始试水会员制，陈坤就是第一个吃螃蟹的人。

关注陈坤的微信公众账号，用户不但能够了解陈坤的最新动态、欣赏陈坤的写真、聆听陈坤的音乐，还可以参与陈坤发起的慈善公益活动，可以进行语音定制、听陈坤说"早安""晚安"，可以在"讨论区"发帖、与其他粉丝交流与陈坤有关的话题。

陈坤的微信公众账号采用的是会员制，用户只要缴纳一定的会费，就可以成为会员：缴纳18元钱，就能成为"陈坤微世界包月会员"；缴纳50元钱，就能成为"陈坤微世界季度会员"；缴纳98元钱，就能成为"陈坤微世界半年会员"；缴纳168元钱，就能成为"陈坤微世界包年会员"。会员能享受的权利有很多，比如，可以参与合作商家的线下商品促销、试用、优惠购买和线下服务等活动，可以优先参加陈坤发布会等线下活动，可以阅读陈坤的相关书籍、浏览陈坤的独家照片，并且还能得到与陈坤进行互动的机会。

通过会员制，陈坤能够获得大量的铁杆粉丝。在此之前，虽然陈坤知道自己人气高，有众多的粉丝，但是，他对自己的粉丝并不了解。而开通会员制之后，这个问题就迎刃而解了。谁成了会员，谁肯定就是铁杆粉丝。陈坤可以利用自己宝贵的时间，服务好这一部分能够给自己带来巨大价值的铁杆粉丝，满足他们的需求，从而使他们创造出更大的价值。

会员制还能使陈坤获得一个全新的宣传渠道。明星离不开宣传，宣传又是一件需要费心费力的事情。但有了微信这个平台，有了会员制所带来的这一批铁杆粉丝，陈坤的宣传就变得简单很多。他只要在微信上推送相关的信息，大多数粉丝就会知道偶像的动态，从而用实际行动去支持他。虽然线上的宣传还不能将线下的宣传完全取而代之，却能极大地提高效率，减少工作量。

通过会员制，陈坤还可以在微信公众账号上经营偶像衍生品。陈坤的《行走的力量》系列图书，通过微信这个渠道已经销售了很多本。除此之外，陈坤还可以在微信平台上出售纪念品、衣服等衍生品。

第九章 | 传统行业的微信营销策略

明星微信公众账号的会员制为什么能够得到用户的认可呢？

首先，会员制能够使用户获得一种归属感。马斯洛在他的需求层次理论中曾经指出，在生存与安全的基本需求之外，人们还有情感和归属、获得尊重及自我实现的需求。人们总是希望自己能够属于某个群体，得到其他人的信任和爱，这就是情感和归属的需求。而会员制能够充分满足人们的这一需求。粉丝们成为会员之后，可以与其他粉丝进行经常性的交流、沟通，可以与偶像进行近距离的接触，这些都能不断强化他们的归属感。而且在这里，不会有人骂他们是脑残粉，所有人都怀有相同的情感，他们找到了自己的同类，可以自由、放松地交流与偶像有关的一切。

其次，会员能够获得价格上的优惠。几乎所有实施会员制的企业都会为会员提供专门的优惠，如更多折扣、积分兑换、活动专用渠道等。明星微信公众账号的会员制也不例外，陈坤的微信会员就能享受到很多优惠，如演唱会门票八折优惠，到陈坤开的店里消费所有商品都可以打七五折等。

最后，会员能够获得独特服务。成为会员后，用户就可以享受到其他人享受不到的独特服务，比如与偶像亲密接触，听偶像每天说"早安""晚安"等。

当然，对于明星微信公众账号来说，做好会员制营销并非易事，必须要注意以下几点：

第一，打好坚实的用户基础。陈坤的会员制之所以能够大获成功，是因为他拥有坚实的粉丝基础。比如，他在微博上有7000多万粉丝，这7000多万粉丝哪怕只有1%转化为微信会员，也有70多万。因此，用户基础是会员制营销成败的关键。

第二，根据用户的能力进行分类。会员制不能做成"大锅饭"，要根据用户的购买能力、忠诚度及转化率制定出不同的会员等级。比如，陈坤的微信会员就分了四个等级：包月会员、季度会员、半年会员、包年会员。通过级别的分类，就能判断出哪些用户的购买力最强，他们有哪些需求，从而筛选出最精准的、能带来最大利益的目标用户群。

第三，对最有价值的用户进行最大的投资。根据二八法则，80%的利润来自20%的用户。对于明星微信公众账号来说也是如此，20%的会员能够带来80%的收益。因此，应该多关注这20%的会员，使他们能够享受更多的特权、更好的服务，从而提高他们的忠诚度，使他们的价值达到最大化。

第四，不断提高用户黏性。用户黏性需要通过长期的培养才会形成，因此，明星微信公众账号需要采取各种手段来进行用户黏性的培养。比如，陈坤的微信公众账号中就特别设立了一个会员讨论区，给粉丝们提供了一个自由交流的平台，以此来"圈养"用户，提高粉丝的忠诚度。

2. 粉丝互动渠道

作为明星与粉丝互动的渠道，明星微信公众账号也发挥着巨大的作用。通过微信公众账号，明星们可以与粉丝进行一对一、一对多的交流，可以传达对粉丝们的感恩，可以与粉丝们进行实时互动。在这样的交流与互动之中，明星与粉丝之间的关系不知不觉被拉近了，粉丝忠诚度也不断提高。

莫文蔚的微信公众账号就成功地提高了莫文蔚的人气。

莫文蔚的微信公众账号是在她的生日当天开通的，她特意通过腾讯微博向粉丝们宣布这一消息，并且希望"从此我们的距离越拉越近"。粉丝们对此兴奋不已，当天就有很多人关注了她的微信，回复更是多达几万条。

微信公众账号开通不久，莫文蔚就利用这个平台开展了很多活动，比如，发起了"爱我就唱给我听"的活动，邀请粉丝们上传自己的唱歌音频与大家分享。这个活动引起了很大的反响，粉丝们纷纷录制自己最喜欢的莫文蔚经典歌曲上传。莫文蔚及时与粉丝们进行交流，还主动晒出了一位粉丝在微信中演唱的《阴天》，评价"真的很可爱"。

高考前几天，莫文蔚贴心地录制了一段音频，发布在自己的微信公众账号上。在音频中，她亲昵地称呼考生为"弟弟妹妹"，鼓励他们勇敢面对高考，争取"拿出最好的状态，考出好成绩"。而且，她还自曝自己正在录制新专辑，与他们一样经历着一场巨大的考验，希望他们与自己一起加油。

莫文蔚的微信公众账号上还设置了一些非常人性化、贴心的自定义回复，比如，粉丝们对她说"我爱你"，莫文蔚就会马上回复"我也爱你"。粉丝们因此感动不已，忠诚度自然大幅度提高。

明星与粉丝在微信公众账号的互动非常重要，很多明星却没有意识到这一点，结果导致原本喜爱和关注他们的粉丝产生了一些不满。比如，某女明星拥有很多粉丝，但她的微信公众账号却几乎很少与粉丝们进行互动，只是一味地重复一句音频，粉丝们的留言也得不到回复，久而久之，粉丝们就抱怨连连，甚至还有很多粉丝因此而流失。

对于明星来说，传播与宣传就是生命线，如果传播与宣传跟不上，形象与知名度就会大打折扣。因此，明星必须紧跟潮流，敏锐地发现并使用最新的传播工具，利用它们来提高粉丝的忠诚度。

第二节 旅游业的微信营销策略

旅游行业属于典型的眼球经济，与其他很多产业相比，营销的重要性更为突出。伴随着科技的发展与进步，各种营销手段层出不穷，旅游业往往是最先应用这些新兴营销手段的行业。因此，微信营销刚一出现，很多旅游企业就开始关注并利用微信进行推广、宣传。尤其是微信所拥有的以熟人关系为基础的强关系和口碑传播的优势，更使其成为旅游业的一个天然的营销平台。

旅游业的微信营销策略主要包括五个方面：口碑传播、内容为王、客户管理、活动推广及精准营销。

1. 口碑传播

旅游业的口碑效应非常明显，每个人都会有这样的体会：当你打算外出旅行的时候，之所以会选择某个地方作为自己的目的地，可能是因为你在网上看到了别人写的游记、发的图片，被当地的美景所吸引；也可能是因为身边的朋友曾经去过，你听了他的描述之后对这个地方产生了好奇、向往……对于旅游业来说，别人的推荐往往会成为其他人做出旅游决定的重要诱因。因此，对于旅游业的微信营销来说，一定要善于利用口碑传播的力量。

那么，如何才能发挥口碑传播的作用呢？首先应该把更多的用户聚集到微信上。要实现这一点，方法有以下两种：

（1）开拓新用户

利用微信的功能可以吸引一些不确定的新用户。比如，在旅游咨询中心、景点、飞机场、火车站等游客集聚地通过微信的"摇一摇""附近的人"等功能，向那些不确定的对象推送相关的旅游信息，以此吸引用户关注你的微信公众账号；还可以将二维码印到传单、报纸、杂志上，通过开展一些旅游促销活动来吸引新用户扫描二维码。

（2）转化老用户

旅行类网站、旅行社一般都经营了很长时间，积累了大量的老用户，将这些老用户引流到微信上，会使你的微信公众账号增加一大批忠实用户。引流的方式也是多种多样的，可以发短信让这些用户添加关注，可以在客服电话的接听铃声中植入微信的相关信息，也可以让客服人员在面对面接洽用户的时候提醒他们关注。老用户的转化与开拓新用户有所不同，必须要遵循一个重要原则：贵精不贵多。要知道，10个精准用户所能创造的价值可能远远高于10000个陌生用户。

拥有一定的用户基础之后，接下来要做的事情就是激发口碑传播。你可以通过微信公众账号开展一些促销活动，如把促销信息分享给好友，吸引多少人参加活动就得到多少返现（如每带来一个新用户就返现30元）等。再比如，让用户对你的产品、服务进行评价，并把自己的评价推荐给朋友，每推荐一个朋友就得到一张折扣券等。对于用户来说，通过举手之劳就可以得到真金白银的回报，何乐而不为？一传十、十传百，久而久之，关注的用户就会越来越多。

2. 内容为王

我们在前面的章节中，曾多次强调应以内容为王。在旅游业的微信营销中，这一点尤为重要。

人们之所以会去旅游，是因为旅游能够让他们暂时摆脱繁杂的现实生活，到未知的地方进行探索、开阔眼界、增长见闻、放松心情。他们总是希望自己的旅行经历是新奇的、有趣的，因此，他们对旅游业的微信公众账号的要求也会比较高。如果微信公众账号推送的信息特别陈旧、毫无新意、枯燥乏味，他们就会毫不犹豫地取消关注。现在，旅游业的内容同质化非常严重，很多人在推送信息的时候非常不用心，经常是到网上随便一搜，发现某个帖子比较全面，就摘摘抄抄发布在自己的微信公众账号上。用户收到后一看：这个帖子早就看过很多遍了！愤而选择了取消关注。

所以，旅游类微信公众账号在推送信息的时候，一定要重视内容的质量，不妨多做一些有趣的展示，如采用比较新奇的形式来介绍某个旅游城市、景点的美食、文化、历史等。也可以推送一些人性化的实用知识，如某个地域的出行注意、消费须知、文化差异等。最重要的一点是，实现内容上的差异化。要做到这一点，就要重视原创，比如，可以鼓励你的用户将自己的旅行经历写出来向你投稿，挑其中的一些精华发布到微信上。这样，一是增加了微信内容的丰富性、实用性；二是这本身就是与用户的一种互动，有利于增加用户黏性。

艺龙旅行网的微信公众账号上的"自助游"和"每日一个"板块，就为用户提供了很多新鲜有趣的旅游资讯。

艺龙旅行网的微信公众账号上的"自助游"板块，主要包含三方面的内容：旅行微刊、超强工具及微攻略。它们的共同目标是为用户提供一些必要的、实用的旅游指南和指导。因为艺龙旅行网是一个在旅游业中深耕细作了很多年的大型网站，积累沉淀了大量的旅游攻略，因此能为用户的自助出行提供很多精

品攻略。这些内容能帮助用户做出旅行决定与选择，为用户的出游提供切实可行的帮助，自然会引起用户的关注。

而"每日一个"板块，则主要包含了"小艺探店""每日一景""小艺说""旅行吧"四部分。用户通过"小艺探店"模块，可以了解到全国各地的特色酒店，而"每日一景"和"小艺说"则为用户讲述某个经典景区的美景、美食与人文习俗等。这些精选的内容，会吸引用户的关注与分享，从而提高用户的活跃度。

3. 用户管理

对于旅游类企业来说，用户就是一切。因此，在微信营销的过程中，应该特别重视用户管理。你可以对微信用户进行调查，根据用户的好友数量对他们进行分类，将那些拥有500个以上好友的用户列为核心用户，对他们进行重点耕耘。对这些重点用户在消费过程中的不满、抱怨及特别诉求，一定要及时妥善解决。否则，如果他们在朋友圈大发牢骚，就意味着你将会流失一大批用户。

在对现有用户进行分类、分析的基础上，还可以适当开发一些对应的接口，让微信用户与消费数据绑定起来，让用户通过微信就能查询自己的消费记录、代金券数量、特权等,甚至生成趣味性的全球旅游地图,增强用户的微信体验。实现这一功能,可能需要投入不少的研发资金,但从长远来说,回报将是巨大的。

　　除此之外,还可以通过微信提供一些用户便捷服务。人们出去旅游,肯定需要订机票、订火车票、订酒店、查线路、搜索当地美食等,如果这些过程都能够通过你的微信公众账号来完成,用户就会感觉非常便捷、贴心,对你的信任度也会大大提高。在这方面,做得比较好的是微信公众账号"景点打折门票"。

　　"景点打折门票"能够帮助用户免费预订景点打折门票,为用户节省一些旅游投入。用户通过这个微信公众账号发送自己的位置信息,就可以查询附近的优惠景区。发送景区名如"故宫""慕田峪长城""广州塔"等关键词,还可以查询相关景区的优惠信息。在"景区打折门票"返回的页面上,用户能够完成全部的预订流程,只要填写预订人、取票人等简单的信息就可以提交。

4. 活动推广

微信作为一个即时沟通工具，其主要属性就是沟通，因此它是活动推广的天然平台。对于旅游业来说，这一点尤为突出。通过活动推广，旅游类微信公众账号不但能够吸引更多的用户关注自己的账号，还能鼓励用户分享、转发活动，提高用户的活跃度。艺龙旅行网在微信公众账号上推出的"与小艺一站到底"的活动，利用答题有奖闯关的模式，成功吸引了大量用户的关注。

2013年，艺龙旅行网在微信公众账号上开启了"与小艺一站到底"的活动，用户只要参与答题就有机会赢得旅行梦想大奖。艺龙旅行网设置的具体规则是这样的：

1. 每天15道题，分4天发布。回复答案选项序号即可，如"1"。

2. 一旦开始便计时，答题结束后会有正确数和用时统计，每日累积成绩。一人限一次机会。

3. 答题截止时间为3月11日12:00。

最后，艺龙旅行网统计出答题最快、最准的人，将会获得价值5000元的旅行大奖（至国内任一目的地往返机票+3晚酒店住宿）。第2~7名，以及第11、111、1111、11111名，则分别获得价值210元的婺源景区通票1张。

活动刚一推出，就得到了很多用户的关注，每天，参与答题的人次高达五六十万，而艺龙旅行网的微信订阅用户也同步增加了几万。

由此可见，有针对性的活动推广，对于旅游业的微信营销来说，是非常重要的一个环节。它的作用是多方面的：一是能够给那些"沉睡用户"带来刺激，使他们活跃起来；二是能够借这个机会提高微信的转化率，将用户的参与转化为销售机会；三是能够收集到大量用户的信息，从而对他们进行更有针对性的营销、推广；四是通过这些推广活动，能够达到与用户的高频率互动，使用户

加深对品牌的认识与了解，提高用户对品牌的忠诚度。

当然，利用微信来进行活动推广，也要循序渐进，按照正确的方法来进行：

第一，要在策划活动之前对微信用户的属性进行初步了解。这样，才能判断什么样的活动更能引起用户的关注。

第二，要对微信活动进行全方位的预热。比如，通过官方网站和微博预告、线下广告等方式对微信活动的情况进行宣传，提高活动的知名度，为活动的展开营造出火爆的气氛。

第三，在活动推广期间，要安排专门的客户服务人员为用户解答问题，并通过自定义回复等方式向用户推送活动介绍，使用户更简单、更便利地参与到活动中来。

第四，在活动中可以巧妙地植入产品、品牌信息，从而达到宣传自己的目的。

第五，在奖品设置方面，尽可能增加奖品的丰富性，以多重奖品来刺激用户的参与。除了最终的大奖之外，还可以设置多个参与奖，从而提高中奖率，增强用户的积极性。

第六，对参加活动的用户进行更细致的分组。比如，把每个用户都按照其基本属性，如地域、性别、婚姻、教育程度等来进行分类，这有利于后期的二次营销。

第七，活动一定要遵循一个原则，那就是越简单越好，越便利越好。一定要尽可能降低用户参与活动的难度，让他们通过快捷的方式参与，如输入某个数字就可以参加活动。这能极大提高活动的参与度与互动性。

第八，在策划活动的时候，应该抓住节假日等营销时机开展一些时效性的活动。比如，在母亲节的时候策划"分享为母亲赢大奖"之类的分享有礼活动，在春节的时候策划"参与答题赢团圆饭免单"活动等。

5. 精准营销

对于旅游业来说，微信是一个精准营销的平台。因为关注旅游类微信公众账号的用户，大都是旅游爱好者，并且对所关注的旅游品牌有一定的了解与认知。有了这个坚实的用户基础，微信公众账号向他们推送旅游信息，就能达到高转化率。

作为一个强大的用户管理平台，微信更具精准营销的天然基因。而且，微信的第三方接口可以根据旅游类企业的业务定位及用户关系管理的不同类型进行个性化的开发。比如，航空类企业可以开发航班信息查询、订单查询、微信值机、查询航班动态等接口；酒店则可以开发根据地理位置推荐周边酒店、周边景区查询等接口；租车企业则可以开发取车门店查询、订单管理、景区信息查询等接口；景点则可以开发景区地图查询、门票打折信息推送、景点人流量查询等接口。这些第三方接口的开发，有利于为不同需求的用户提供更个性化的服务，从而实现微信的精准营销。

总而言之，微信已经悄无声息地改变了旅游业的新格局。微信所具有的重视与用户进行互动与沟通、低廉的运营成本、用户基础广泛等优点，既给旅游业带来了不小的挑战，也带来了巨大的机遇。旅游类企业应该善于利用微信营销这一利器，不断挖掘和传播品牌价值，为用户提供更到位、更人性化的服务，从而在未来的旅游业新格局中赢得属于自己的一片天地。

第三节 餐饮业的微信营销策略

俗话说，民以食为天。吃，是每个人每天都要进行的活动。因此，即使是在经济不景气的时候，餐饮业也依旧红火如初。然而，这一行虽然利润空间大，竞争却激烈无比。伴随着微信的茁壮成长，很多餐饮业经营者纷纷把目光投向了这个新兴的社交平台。而餐饮业的三大特性，也决定了它非常适合微信营销：

第一，高分享性。在朋友圈里，大家分享的最多的就是吃喝玩乐。人们愿意把自己的生活分享给朋友，这种高分享性是餐饮业进行微信营销的基础。

第二，需求广泛性。吃是人们最基本的一种生活消费，人们对于餐饮类信息的需求是非常广泛的，几乎每天都会有人问：哪里有好吃的馆子？有什么美食可以推荐？

第三，实时性。人们所需要的餐饮信息，通常都是实时的。经常是到了要吃饭的时候，人们才想起来应该找家好吃的餐馆大饱口福。而微信的快速传播，恰好能够满足人们的这一需求。

基于这三点，餐饮业与微信的结合，可算是"天作之合"。下面，我们就来介绍一下餐饮业的微信营销策略。

1. 微信订餐

在餐饮业中，微信营销的最主要应用就是微信订餐。只要用户在微信中关注订餐网站的微信公众账号，发送自己当前所在的地理位置，就能看到附近的餐厅信息，如商家名称、距离远近、折扣信息、菜单介绍等。点击某个餐厅的页面，就会自动跳转到预订界面，按照需求来提交订单就可以了。只要通过简单的几步，就能完成微信订餐的过程。

微信订餐实际上是把线下服务与移动互联网结合在一起，通过微信线上招揽用户、线下服务用户，完成交易的整个过程。微信成了用户与餐厅之间的一个桥梁，通过微信，用户可以自助下单，餐厅可以自动接收订单。这不但改变了传统的电话服务式订餐体验，而且为餐饮类企业节省了大量的人工开支，提高了它们的利润率。

"订餐管家"是率先推出微信订餐的微信公众账号。

"订餐管家"是覆盖湖南地区的一家微信订餐平台。只要用户添加"订餐管家"为好友，并向它发送自己的地理位置信息，就可以随时随地获取周边的餐馆信息。通过"订餐管家"的微信公众账号，不但能快速订餐，而且操作起来非常简单。点击餐馆的"预订"按钮，就会自动跳转到餐馆的预订页面上，只

要填写姓名、电话、就餐时间、预订人数、预订桌数、就餐形式等，餐馆就能够自动接收到用户的预订信息。

与传统的电话订餐相比，用户通过"订餐管家"来预订餐馆，能获得更大的选择权，能更快捷地找到自己中意的餐馆。"订餐管家"的微信公众账号刚一推出，就在当天收获了将近一千个关注用户。

微信订餐之所以备受用户和餐饮类企业的欢迎，是因为它具有独特的优势：

（1）订餐速度更快、效率更高

对于餐饮类企业来说，用户的订单能够自动生成并打印出来，不需要安排专门的工作人员来接听电话、记录用户的需求。这不但能够节约大量时间，而且使餐饮类企业的运转效率大大提高。而对于用户来说，除了第一次订餐的时候需要填写联系方式、送货地址等信息，之后的每一次订餐都可以直接跳过这一步，点餐的速度也大幅度提高。

（2）订单更加准确

只要用户关注了某个餐饮类微信公众账号，就等于把餐馆的联系方式和菜单保存到了用户的手机中。这样，用户获取到的信息是时时更新的，避免因订单不准确而带给用户和餐馆不必要的麻烦。

（3）降低订餐成本

利用微信公众账号来推送订餐信息、接收订单，既不需要再投入资金做宣传，也不需要安排订餐接线人员，可以节省很多成本。而且，利用微信来进行订餐服务，还能提高经营管理水平。

2. 二维码营销

扫描二维码是用户关注微信公众账号的一种快捷方式，而餐饮类企业的实体店面能够为用户扫描二维码提供许多途径。比如，摆放在餐桌上的餐牌、菜单、餐馆墙壁及宣传单上都可以印上餐馆的二维码，通过折扣或发放优惠券的方式，鼓励到店消费的微信用户用手机扫描二维码。

这样做，一是能为餐馆的微信公众账号拓展大量的精准粉丝；二是能够积累一批经常到店消费的微信用户，为后期的微信营销打下坚实的用户基础。

3. 将促销与内容分开

餐饮类企业应至少开通两个微信公众账号，一个用于内容推广，一个用于促销。这么做的好处在于，当用户来餐馆吃饭，想从微信公众账号上下载一张优惠券的时候，不需要到多如牛毛的推送信息里乱找，只要打开促销账号就能轻松找到。而且，用于内容推广的微信公众账号的关注用户主要是品牌的老客户，他们更希望了解更多的企业信息，这个账号可以多推送一些类似的信息，满足他们的需求。

海底捞是微信营销的先锋之一，它的秘诀就在于两个微信公众账号并行。

在微信"查找公众号"里搜索"海底捞"，可以找到两个微信公众账号："海底捞"和"海底捞火锅"。这两个微信公众账号都是经过验证的，其中"海底捞"

是用来搞促销活动的，而"海底捞火锅"则主要用于新品推荐。两个公众账号各有分工、各司其职、互相配合，共同服务于海底捞的忠实用户。

餐饮类企业的微信内容主要可以分为六个方面：美食介绍、最新菜式推荐、饮食文化、促销活动、与食客互动、品牌宣传。促销账号应该主要负责推送促销活动、与食客互动及品牌宣传；而内容推广账号则主要倾向于美食介绍、最新菜式推荐、饮食文化等。无论是促销账号还是内容账号，都需要对用户进行分类管理，对新老用户推送不同的信息，从而满足不同类型用户的不同需求。

4. 微信会员卡

放眼望去，行走于大街小巷的每个人都是餐饮业的忠实用户。然而，很多餐饮类企业对于自己的用户却并不了解。如果不了解用户，又何谈忠诚度的提升？通过微信公众账号发送微信会员卡，能够轻松地集用户的信息，从而建立起餐饮类企业的用户数据库。有了这个用户数据库，企业就可以对用户的各类数据进行分析，有针对性地为他们提供专属服务。

除此之外，餐饮类企业还可以把折扣信息、促销活动、会员专享等信息直接显示在微信会员卡的界面上，将线上用户吸引到线下来进行消费，从而大幅度提高企业的营业额。

5. 微客服

由于用户数量庞大，餐饮业的咨询量也是巨大的，这就需要大量的客服来为用户耐心地解答问题。而餐饮类企业的微信公众账号则恰好能够承担这部分客服工作，如利用关键词回复、信息导航等，方便用户及时、快速地了解相关信息。餐饮类企业还可以研发图片、语音、文字连接、地理位置等各种各样的智能客服，来为用户提供全面的引导服务。

在餐饮类企业提供的"微客服"中，最重要的是有创意。只有这样，才能引发用户的兴趣，让他们主动与微信公众账号进行交流和互动。星巴克的微信公众账号就成功地做到了这一点。

2012年8月，星巴克开通了自己的微信公众账号，开始了微信营销之路。在微信营销中，星巴克最为注重的，是用户服务。为了让用户获得更好的体验，星巴克会在微信公众账号签上温馨的签名，让用户在关注星巴克的第一时间，就感受到朋友般的关爱。

星巴克还通过多种方式与用户进行互动。2012年夏天，星巴克开展了"自然醒"活动，只要用户向星巴克的微信公众账号发送一个表情，就能获得一首适合他的、悦耳动听的自然醒音乐曲目。后来，为了配合星巴克早餐的上市，星巴克还创意性地推出了一项名为"星巴克早安闹钟"的活动。用户只要动一动手指头，下载"星巴克中国"的手机应用软件，此后每天早上闹钟响后一小时内来到星巴克实体店，就可以享受到美味的咖啡和半价的早餐新品。当用户在星巴克喝完咖啡走出实体店之后，星巴克的微信公众账号又会以人性化的微信内容与他进行互动。自然而然，用户就会感觉到这里的服务是如此到位，并且会乐意与星巴克进行微信互动。在这样贴心的客户服务中，用户的消费习惯就逐渐培养起来，对星巴克的忠诚度也迅速升高。

对于餐饮业来说，要想通过微信营销获得消费者的青睐，获取更多的利润，就必须开动脑筋，策划更有创意、更人性化的活动和内容。并且在这个过程中，实体店与微信公众账号的推广与宣传要同步进行。只有这样，才能让用户获得更好的体验，将更多的线上用户引流到线下来消费。

第四节 房地产行业的微信营销策略

随着微信在营销领域的风生水起,很多行业都开始试水微信营销,房地产行业也不甘落后。然而,对于很多房地产企业来说,所谓的"微信营销",不过是在广告海报上添加一个微信二维码,或者向微信用户推送大量的楼盘广告,收效甚微。他们也常常纳闷:为什么其他企业利用微信做营销赚得盆满钵盈,自己就做不好呢?

其实,每家企业都有自己的企业文化、营销习惯,每个楼盘也有不同的定位与目标对象,一味套用别人的招数与方案,结果很可能是"东施效颦"。要做好房地产行业的微信营销,需要对房地产的行业背景、当前市场的营销状况及企业采取微信营销的目标与期望,有一个初步的了解与评估,然后才能制定出适合自己的微信营销策略。

那么,房地产行业为什么应该做微信营销呢?要回答这个问题,还需要从房地产的行业特性说起。

首先,房地产行业需要投放大量的广告,我们经常会在电视上、户外广告牌上,以及报纸杂志上看到各式各样的房地产广告。而微信拥有6亿用户,对于房地产行业来说,是一个很大的诱惑。

其次,房地产行业做微信营销,有利于吸引潜在用户的关注。房地产购买者,大多数集中于25~45岁,这个年龄段的人,恰好也是微信的核心用户。

当前房地产行业的主要目标群体可以分为七种,如下表所示。

目标群体类型	主要特征	微信使用率
青年安家型	以年轻人为主,由于独立、结婚等原因从原有家庭中分裂出来,因此产生了购房需求,追求时尚、潮流、重视交通	几乎全部使用

（续表）

目标群体类型	主要特征	微信使用率
青年升级型	以年轻家庭为主，由于生儿育女或子女上学等需要对现有住房更新换代，追求舒适的居住环境及周边完善的配套设施	几乎全部使用
中老年改善型	以中老年家庭为主，现有住房居住时间较长，环境设施落后，需要进行房屋升级，以满足养老等需求，重视舒适性	部分使用，不使用的那些人也会受到子女的影响
中产阶级升级型	以家庭条件优越的中产阶级为主，对于住房条件有较高要求，不满足现有住房的舒适度与品质，希望更新换代进行升级	大部分使用
高产阶级休闲型	以高产阶级为主，在市中心通常拥有多套住房，希望在环境优美的郊区购买住房作为休闲度假的第二住处	大部分使用
出租投资型	以房地产作为投资方式，购房目的是为了出租、收取租金，多选择出租市场比较成熟的区域，对房产的变现能力要求较高	大部分使用
占有投资型	以房地产作为投资方式，购房目的不明确，先占有为主，重视房产的变现能力	大部分使用

由此可见，目前的主要购房者大多数都会使用微信或受到微信的影响。因此，利用微信来进行房地产推广，能够有效地吸引这部分人的注意力。

最后，利用微信进行房地产推广，能够将楼盘信息及时传递给潜在用户。在房地产行业有一个法则：来不来看环境，买不买看户型，定不定看价格。可见，对于房地产行业的潜在用户来说，体验是非常重要的。微信营销虽然不能为用户带来直接的体验，但能够把楼盘信息及时传递给他们，从而让用户了解到楼盘的环境、户型、价格等。

基于以上三点，微信拥有的"人多势众"的优势及高端用户的特质，充分说明了它能够成为房地产营销的一个利器。

具体来说，房地产行业的微信营销策略可以分为以下几种。

1. 微信看房团

在买房之前，人们通常需要看房，对楼盘的周边环境、户型设计、建筑质量及配套设施等进行现场考察，"看房团"因此应运而生。人们去看房，一般需要通过新浪乐居、搜房、搜狐焦点等房地产网站报名，等到看房者积累到了一定数量之后，再集体去看房，不但组织起来非常麻烦，而且耗时也较长。还有一些人不愿意参加这些"看房团"，为了节约时间往往会直接到现场去看房。这样一来，开发商由于没有准备的时间，容易会出现招待不周的情况，导致看房效果不佳。另外，从"看房团"组织者的角度来说，由于免费提供班车、餐饮等便利，"看房团"中往往会混入很多不买房、只想混吃混喝的人，他们既占用了名额又无法带来效益，令组织者苦不堪言。

"看房团"存在的这些弊端，给开发商、看房团组织者及购房者都带来了很多不便。而微信的出现，使得这些问题迎刃而解。通过微信来组织"看房团"，用户只需要在微信页面上输入自己的基本信息，如姓名、性别、联系方式、住址、购房目标区域、户型要求等，就可以预约参加"看房团"。

微信看房团的好处有很多，一是能收集用户的详细数据，建立起客户数据库，以便于二次营销；二是能实现精准定位用户，刷掉那些混吃混喝一族；三是让开发商与用户通过微信平台直接对话，以便于开发商更直观地了解用户信息，安排更加灵活，从而提高工作效率和用户的满意度。

"北京买房"就是一个专门提供看房服务的微信公众账号。

"北京买房"通过微信平台每周组织多条线路的"看房团"，用户只需要点击"报名"按钮，填写自己的姓名、手机号就可以参加"看房团"，获得选房买房一站式服务。除了"看房团"之外，"北京买房"还为微信用户提供"一对一的贴身定制服务"，为购房者答疑解惑，如向他们提供楼市政策解析、贷款咨询等服务。这不但能为用户节省大量的看房时间，使用户少走一些弯路，还能优

化看房流程，使其更加快捷高效。

类似"北京买房"这样的微信公众账号，不但为购房者提供一个舒适、惬意的购房现场环境，也为开发商提供了一批高质量的精准用户，从而实现开发商与购房者二者共赢。

2. 微信卖房

现在，有很多房地产开发商开始以微信公众账号作为卖房的主要渠道。以"碧桂园十里银滩"为代表的一批房地产开发商或房地产项目，争先恐后地开通了微信公众账号。通过微信平台直接与用户对话，开展团购、预约看房等活动，以更大幅度的优惠来吸引用户，从而开拓了一种全新的房地产营销方式。

作为第一个微信营销的楼盘项目，"万科翡丽郡"取得了空前的成功。

2012年9月，"万科翡丽郡"正式上线。这个楼盘地处深圳宝安区，依托于沿江新城成熟商业中心，配套设施完善，对面即是沃尔玛超市，走路只需几分钟就能到达地铁11号线，附近还有医院、小学、中学等，生活非常便利。

刚一开盘,"万科翡丽郡"就推出了自己经过认证的微信公众账号,用户只需扫描二维码添加关注,就可以收到"万科翡丽郡"第一时间推送的房产新闻和相关楼盘信息。通过微信平台,"万科翡丽郡"还开展了一系列"微信豪礼"活动,如第 200 名、第 500 名、第 800 名、第 1000 名关注微信公众账号的用户,可以获得相应面值的 100 元、200 元、300 元、500 元天虹购物卡作为幸福奖赏。凡是关注"万科翡丽郡"的用户,都可以凭借微信好友界面到翡丽郡售楼处领取幸福通行证一本,并获四重幸福好礼:万元幸福基金,毛家饭店、上岛咖啡等幸福商家大联盟的专享 VIP 优惠,翡丽郡量身定制的幸福家装优惠套餐,以及周末现场惊喜大抽奖机会。

通过线上、线下的各种活动,"万科翡丽郡"的微信公众账号不但获得了大量用户的关注,还吸引了 2000 多个现场到访的用户,掀起了一拨购房热潮。

微信卖房之所以能够取得不错的营销效果,主要是因为它利用微信即时性、互动性的特点进行房地产项目的推广,并通过二维码连接了线上与线下,实现了用户与开发商之间的互动。

其实,不只开发商利用微信卖房,很多楼盘销售人员、置业顾问等也利用微信的"摇一摇""漂流瓶""附近的人"等功能来开拓新用户,并通过在朋友圈发布楼盘信息、照片等形式进行房产销售,业绩因此大幅提高。

3. 内容营销

对于房地产行业的微信公众账号来说，内容营销也是不可忽视的。那么，什么样的内容才是用户喜闻乐见的呢？具体来说，可以分为以下几种类型：楼盘最新报价、楼盘折扣信息、楼盘基本介绍、楼盘质量评测、开盘通知、楼市政策解析、楼市动态变化、购买答疑等。如果一个微信公众账号能够在第一时间为用户提供楼市快讯，帮助用户随时随地掌握房地产动态，帮助用户及时解决在买房过程中遇到的疑问与难题，那么微信营销就已经成功了一大半。

当然，由于所处区域的不同、实力的差距及自身定位的差异，在利用微信进行营销的时候，不同的房地产企业采取的方式也不同。比如，以商业地产项目为主的房地产企业与主要做住宅项目的房地产企业的微信营销策略肯定存在着巨大的差异。因此，企业还需要"因企制宜"，充分考虑到自身情况，制定更适合自己的微信营销策略。

第五节 航空业的微信营销策略

一个优质且备受好评的航空企业，不但应该在硬件设施上做到一流，更重要的是为用户提供高质量、人性化的服务。如今，各家机场、航空公司、机票代理商纷纷通过各种方法宣传自己的品牌、拓宽服务渠道，微信也成了它们争相利用的营销利器，或利用微信进行旅客服务，或利用微信进行机票促销。这项"指尖上"的服务，已经在不知不觉中成了航空企业的竞争重点。

那么，对于航空企业来说，在完善自身软硬件的同时，如何才能利用微信营销赢得更多的市场，获取更大的品牌效益呢？

1. 以用户为中心

对于航空业来说，服务是非常重要的，甚至在很大程度上会影响用户的选择。

因此，航空业的微信营销必须以用户为中心，并通过各种形式不断提升用户的服务体验。

以用户为中心，首先应该将航空公司的值机、航班查询、登机口查询、货运查询、行李查询、订单管理等服务模块植入微信公众账号。从而，使用户能够在微信平台上完成这些原本需要到机场才能完成的工作，为用户节约大量的时间，提高通行效率。

2013年，南方航空公司率先推出了微信值机服务，成了国内第一家将值机服务植入微信平台的航空公司。

2013年1月30日，南方航空公司开通了微信公众账号。经过几个月的经营，到2013年4月5日，其微信用户已经增加到了20万人。到2013年11月11日，粉丝数量突破了百万大关，成为业内首屈一指的企业微信公众账号。之所以能够在不到10个月的时间里，实现从0到100万的飞跃式发展，与南方航空公司重视用户体验，为用户提供全面到位的服务是分不开的。

南方航空公司曾以用户为中心，将旅客出行的整个过程划分为12个关键步骤：制订旅行计划—订座出票—值机—登机—机舱服务—行李服务—到达酒店—入住酒店—离开酒店—到达机场—值机—个性化互动。在进行微信运营与营销的时候，南方航空公司也是以这12个步骤作为关键节点，不断开发差异化的产品，为用户提供更人性化的服务，从而一步步完善这个服务链。

南方航空公司刚刚开通微信公众账号的时候，就推出了微信值机服务，这也是目前用户使用最多的一个功能。只要用户向微信公众账号发送购买机票的证件号或票号就可以在线选择座位。办理成功之后，只要凭着系统发送到微信的二维码就可以到机场直接登机，不需要再到机场排队打印纸质登机牌。除了微信值机之外，用户还可以随时随地享受到各种各样的服务，如办理机票预订、货运查询、行李查询、航班动态查询、里程查询与兑换、登机口查询、城市天气查询、机票验真、票价查询等。几乎所有之前必须要通过电脑来完成的功能，在南方航空公司的微信公众账号上都能非常便捷快速地实现。

而且，南方航空公司上到高层管理人员，下至航班服务人员，都非常重视微信，始终践行以用户为中心、为用户服务的理念，努力通过微信为用户提供更好的服务。

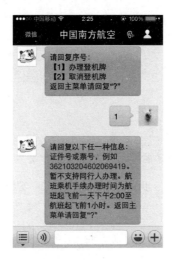

以用户为中心，还应该将机票销售功能植入微信公众账号，为用户购买机票提供更多、更快捷的选择，从而使他们充分享受到移动互联网的便利性。与酒店、会展、邮轮、租车等旅游类其他细分市场产品相比，机票是行业里公认的最容易实现标准化的产品。尤其是2008年开始在航空业内全面推广电子机票之后，机票销售更成为最快实现电子商务化的旅游类产品。微信的出现，为机票销售提供了一种全新的线上交易渠道。而且，伴随着移动互联网的日益发展与完善，用户通过手机购买机票已成为移动电子商务最容易实现的一种应用项目，微信公众账号则为这种应用提供了一个再合适不过的平台。

2013年2月，春秋航空公司在自己的微信公众账号上率先推出了预订机票服务。

春秋航空公司是国内第一家推出"微信预订机票"服务的航空公司。只要用户添加春秋航空公司的微信公众账号为好友，点击界面左下角的"预订"按钮，选择"机票预订"选项，就可以进入机票预订界面。在这个界面上填写出发地、目的地、出发日期等，就可以完成预订服务。票款支付也非常方便，支持各类信用卡、借记卡及支付宝等。

2013年3月19日，春秋航空公司还通过微信公众账号推出了1000张0元机票"秒杀"活动，对微信预订机票服务进行推广。只用了短短50分钟的时间，春秋航空的微信订票页面访问量就达到了21.7万余次，1000张0元机票也被一抢而空。

目前，国内通过微信公众账号来进行机票预订的航空公司并不多，春秋航空的"试水"为其他航空公司在这方面的功能开发提供有益的帮助与参考。

2. 个性化服务

移动互联网的发展为人们带来了极大的便利，比如用户需要订购机票，只要拿起手机经过简单几步操作就可以了。如果用户想要了解航班信息，也只要通过手机浏览相应网页即可。尽管移动互联网已经如此发达，但仍有很多用户的个性化需求无法得到满足。这就要求航空企业在运营微信公众账号及进行微信营销的时候，重视为用户提供个性化的服务。

当用户的个性化需求得到最大限度的满足时，他对企业的忠诚度也会不断提高。尤其是那些对服务质量要求比较高的、20%的高端用户，他们的用户体验满意度会在很大程度上影响到航空企业的利润。对于这一类用户来说，忠诚度就意味着巨大的订单量。

海南航空公司的微信公众账号定位是"个性化定制的品牌杂志"，在为用户提供个性化服务方面，堪称典范。

在开通微信公众账号之前，海南航空公司就对微信这一新兴事物进行了全面详细的了解，更投入了大量的人力、物力和财力去了解用户、了解他们的个性化需求、了解他们的个性化期望。因为海南航空公司一直秉持着这样的理念：只有从满足用户的个性化需求出发，才能为他们创造全新的飞行体验，才能让用户的期望在舒适且充满惊喜的体验中得到实现。因此，海南航空公司将自己的微信公众账号定位为"个性化定制的品牌杂志"，目的就在于为用户提供一种独特的个性化服务方式，从而满足他们日益增长的个性化表达、互动交流的欲望。

海南航空公司的微信公众账号设置了三个主要的模块：机票预订、旅行助手、会员中心。在旅行助手这一模块中，海南航空公司为用户提供了海航大钜惠、微服务、Care More、维权等服务，用户可以各取所需。在"Care More"这一服务中，海南航空公司为不同类型的旅客，如儿童、婴儿、孕妇、老年人、障碍旅客、普通病患旅客、携带动物旅行旅客等，提供了不同的服务产品。以儿童为例，海南航空公司提供的服务非常贴心、人性化："我们将为孩子提供一个'小小旅行家'文件挂袋，帮助孩子保管所有的旅行证件及登机牌等物品；我们有专门的地面服务人员协助您办理值机、海关、安检及行李托运等手续，负责陪伴您的孩子候机并保管相关文件凭证；登记之后，空乘人员将全程悉心照顾您的孩子，陪伴您的孩子度过一段愉快的空中旅程；如航班延误，将有专人照顾孩子并提供食宿，同时会及时通知您……我们可以帮您冲泡奶粉，为了婴儿旅行更加舒适安全，我们准备了婴儿安全带……"

自从2012年9月2日正式上线以来，海南航空公司的微信公众账号在短短一周的时间里就吸引了1000多位用户的关注，日均增长量在100人次左右。每日推送图文信息的平均回复在30条左右，日均留言将近100条，互动率高达90%，实质性留言询问均得到有效回复。

随着移动互联网的飞速增长，"快"已成为很多行业的一个全新的行为准则，行业和消费者的需求都在瞬息之间发生着巨大的变化，而航空业由于受到了其传统属性的限制，节奏还需要继续加快。航空业与微信的结合，能够对航空业进行基因重构，帮助航空公司打破原有的"信息高墙"，与市场反馈速度全方位对接起来，与用户之间形成一个信息完全透明的互动环境，从而充分挖掘用户需求，为他们提供更具个性化的旅行解决方案。唯有如此，才能有效激活航空业，大大提高其竞争力。

第六节 金融业的微信营销策略

如今,随着智能手机和移动互联网的日益普及,移动支付已成为支付领域中新崛起的一支强大力量,而占据移动支付入口半壁江山的微信客户端,也成了诸多金融机构眼中的"肥肉"。很多金融类企业纷纷开通微信公众账号,希望利用微信这个平台赢得更多的市场份额。于是,微信与金融之间出现了很多交集,如微信客户几乎可以不用去银行,甚至不用通过电脑,就可以办理大多数业务,查询、转账、投资、理财……都能在指尖完成。

那么,金融业应该如何进行微信营销,才能俘获更多客户的心?下面我们来介绍几种具体的微信金融策略。

1. 微客服

无论是银行,还是金融证券机构,都会设立专门的呼叫中心,根据客户的具体需求为客户提供相应的金融服务。呼叫中心能够根据所掌握的客户信息,在与客户进行充分的交流与沟通的前提下,满足每一位客户的独特需求,从而与他们建立起长期的、稳定的客户关系。而微信公众账号的出现,则给整个呼叫中心行业带来了一次颠覆性的改变。

金融机构通过微信公众账号为客户提供"微客服",好处是多方面的,一是增加了一个全新的客户服务渠道,获得更多的了解客户需求、提高客户忠诚度的机会;二是通过"微客服"能够精准锁定那些使金融机构受益的客户,得到更多的销售机会。对于金融机构来说,成功的希望就在于瞄准客户的需求及日常生活,并为客户提供符合其特性的、基于需求的金融产品,而"微客服"恰好能够实现这一点。

现在,有很多银行已经率先推出了"微客服",招商银行就是其中之一。

2013年，招商银行敏锐地察觉到，互联网及移动互联网的迅速发展直接改变了人与人之间的沟通习惯，也使金融机构与客户之间的沟通渠道更加多元化。而招商银行信用卡的客户结构相对其他银行来说，更加年轻化，他们对于互联网化的沟通更容易接受，也更为适应。在这样的背景下，招商银行做出了将客户服务移植到微信公众账号上的决定，希望以此来实现客户服务转型，搭建起一个基于移动互联网的沟通平台，来探路智能客户端的呼叫中心。于是，2013年4月，招商银行信用卡的微信公众账号正式启用了"微客服"。

在招商银行信用卡的微信公众账号上，客户要获得"微客服"非常简单。只要验证自己的身份，将自己的个人信息与微信账号绑定，就可以享受秒查账单、额度、积分，每笔消费通知，信用卡"微"账单，还款日温馨提醒等微服务。而且，还能接收在招行信用卡上产生的所有交易信息。现在，客户通过招商银行信用卡的"微客服"能完成的服务项目为79项，占招商银行服务项目的71%。除了这些自助服务之外，招商银行信用卡微客服平台还为客户提供了微信人工服务入口，当自助服务无法满足客户的需求时，只要回复一个数字，客户就可以获得周到贴心的人工服务。

与传统的手机短信客服相比，招商银行信用卡微客服不但能够向客户发送文字，还能发送图片、音频、视频等，使客户获取的信息更丰富多元。招商银行信用卡的短信提醒服务如今也逐渐被微客服所取代，客户刷卡之后都会即时收到微信消息提醒，而短信服务却只能提供100元以上的消费提醒。而且，通过微客服，客户还可以与招商银行信用卡进行更多的互动，如查询当天剩余的可用额度等，当额度较低的时候，微客服也会贴心地进行额度提醒。

如今，招商银行信用卡微客服几乎取代了大部分常规客服，90%以上的业务客户可以通过微信公众账号来完成，转人工服务的比率则不到2%。这不但缓解了呼叫中心的压力，而且也为招商银行节约了大量的开支：在此之前，招商银行每年都需要发送上亿条的短信给客户，仅此一项，就需要向运营商支付巨额的短信费用。有了微客服，这笔开支就大大缩减。

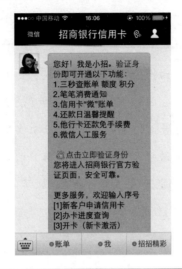

对于金融业来说，客户服务一直是所有工作中的一个重头戏，通过"微客服"，金融机构不但能够为客户带来更多的掌上便利，而且也有利于建立一个与客户直接对话的良性互动渠道，从而进一步提高金融业的总体服务水平。招商银行已经为金融业开了一个好头，证明了微信营销不但成本低，而且回报高，其他的同类企业也不妨参照这样的方式来运营微信公众账号。

2. 植入更多生活化应用

金融类企业的微信公众账号是以服务为主的，在为客户提供完善的金融服务之外，也可以植入更多的生活化应用，如生活缴费、飞机票购买、理财产品投资等。如今，商业社交化的趋势已经越来越明显，微信公众账号相比单纯的手机银行，在商业赢利上具有更大的优势，只是现在大部分企业还没有找到成熟的赢利模式。而将生活化应用移植到微信平台上，使客户通过微信公众账号就完成购物、支付的整个过程，则是对赢利模式的一种创新尝试。

在交通银行的微信公众账号中，就专门设立了"生活服务"这一模块。

进入交通银行的微信公众账号，客户点击"生活服务"按钮，就可看到交通银行所提供的多种服务，如最红星期五、手机充值、本地生活、火车票查询、周边搜索、交通罚款、游戏充值等。客户只需要选择自己希望得到的服务，就可以进入查询或购买页面，选择商品并支付，完成购物过程。

为了吸引更多的客户使用这些生活化应用，交通银行还会为客户提供很多优惠。以"最红星期五"为例，客户每周五登录交通银行微信公众账号，可以享受"最红电影票""最红手机充值""最红飞机票"等多重优惠待遇，不但能够获得九五折优惠，而且还能获得刷卡返现。

3. 互动才是王道

虽然现在大多数金融类企业已经瞄准了微信这个广阔的市场，但是仍有一些对微信并不怎么关注的金融机构。它们要么根本没有开通微信公众账号，要么开通了账号却没有对其加以利用，更不重视后期维护，使微信公众账号成了"僵尸号"。

对于微信营销来说，与客户没有互动是非常可怕的事情。客户之所以关注这个微信公众账号，是因为他有金融方面的需求，希望得到服务。而荒芜已久的"僵尸号"，会给客户带来"这家企业管理落后，跟不上潮流"或"这家企业不重视我们，服务一点儿也不到位"的印象。在他们失望地按下"取消关注"按钮的同时，他们的心中也给这家金融机构打了一个低分，在生活中，他们也有可能会因此远离这家金融机构。

虽然不能将推送信息和策划活动的频率与客户服务质量画上等号，但适时地、积极地与客户互动一下，向他们推送一些促销、优惠信息，为他们组织一下线上、线下活动，是非常有价值的。交通银行就深谙互动之道，这家银行每天都会给客户推送一条促销信息，比如星级酒店优惠、理财产品抢购预告、QQ游戏币买五送五、手机交博汇购物商品预告、电影票打折信息等。一天一条，既给客户提供了实用信息，也不会给客户带来过多的骚扰。

值得注意的是，对于金融业来说，利用微信进行服务的本质不是营销，而是借助这个移动客户端为客户带来方便、实用的客户体验。无论采取哪种营销策略，都不能忘记这个基本点，都需要把握好服务的本质。

第七节 酒店业的微信营销策略

酒店业是一个传统而又成熟的行业，十几年来，伴随着中国经济的迅猛发展，酒店行业不断攀登新台阶，然而，与此同时竞争也不断升级。如何吸引更多的消费者，如何实现二次乃至多次消费，已经成为酒店业的一大难题。为了解决这个难题，它们不断寻找新的营销手段。而新媒体的出现，尤其是微信的崛起，给酒店业拓宽了营销渠道。那么，酒店应该如何利用微信来进行在线服务及品牌宣传呢？

1. 微信订房

在生活中，很多人都曾经遇到过这样的情况：你到一个陌生的城市旅行，四处寻找酒店落脚，可是走进每一家，听到的都是"客满"的坏消息。于是，你只好一个人孤单地徘徊在街头，不知道何去何从。不过，微信与酒店"联姻"之后，订房就不再成为难题。

现在，微信订房已成为很多酒店类微信公众账号的主要功能，用户只要打开微信公众账号，输入自己所在的地理位置进行搜索，就可以找到附近的酒店，甚至连剩余多少空房都能一目了然。轻点屏幕，输入自己的联系方式、住房需求，就可以预定到中意的酒店，不必再为找不到住处而愁眉不展了。

2012年11月，当大多数酒店才刚刚了解到微博营销的时候，布丁酒店就领先一步，在微信平台上推出了微信订房功能。作为第一个通过微信公众账号与用户直接对话的酒店，布丁酒店堪称是酒店业微信营销的一个样本，值得很多同行学习。

2012年11月，布丁酒店在自己的微信公众账号上推出了微信订房服务，用户只要点击"酒店预订"，填写自己所在城市、目标区域关键词及入店和离店日期，就能搜索到附近合适的酒店，选择中意的房型，点击"预订"按钮并支付后，微信订房就完成了。

在上线不到3个月的时间里，布丁酒店的微信公众账号就收获了超过25万个用户关注，平均每天增长的用户将近5000人。微信订房功能每天为布丁酒店带来169个订单，特别是2013年元旦，用户下单总数为1072个，同比增长了两倍。作为第一家上线"微信订房"功能的酒店，布丁酒店没有前人的经验可以借鉴，只能"摸着石头过河"。能够取得这么好的业绩，与他们精心探索出来的微信营销五部曲是密不可分的。

第一步：明确定位。

布丁酒店在开通微信公众账号之前，首先明确了三个问题：希望通过这个微信公众账号做什么？目标用户是谁？希望利用它来做什么？经过市场调查之后，他们发现，布丁酒店的目标消费者与微信用户重合度很高，尤其是大学生和白领等核心消费者恰好是微信的主流用户。这一部分消费者的诉求非常明确：价格便宜、生活方便、好玩、时尚。基于这一点，布丁酒店将其微信公众账号定位为互动与自助服务平台。用户通过这个平台，在获得微信订房的核心服务之外，还能阅读到有趣的资讯，有机会得到各种实惠及实现咨询、娱乐、求助的目的。

第二步：汇聚人气。

通过线上、线下各种手段来汇聚人气，在线上，通过官方网站、微博、人人网等进行推广；在线下，在目标消费者能够接触到的所有地方，如地铁、门店大堂、公交车站、客房床头等，张贴印有二维码的海报，用户只要拿起手机就可以扫描并添加关注。

第三步：策划活动。

将用户吸引到微信公众账号上来，只是一个开始，接下来还需要策划丰富多彩的活动来加强与用户之间的联系，提高用户黏性，使用户创造价值。比如，2012年年底，世界末日的说法非常流行，趁着这个机会，布丁酒店在微信公众账号上推出了一次名为"抢占2012避难点"的活动。经过大力宣传，这次活动的总参与人数高达2万多，仅活动当天，就新增加了6千多关注用户。2013年1月3日，布丁酒店通过微信公众账号又推出了"5·20真爱房"活动。之所以策划这样的活动，是因为2013年1月4日的谐音是"爱你一生一世"，很多年轻人对这个日子都尤为关注。在1月4日当天，布丁酒店把房号为"520"的房间命名为"真爱房"，入住这一房间的用户都可以免单。并且，凡是房间号里含有"2"的入住用户，还可以享受到延长退房时间到15:20的优惠。这个活动也调动起了很多人的积极性，参与用户多达3万人。

第四步：在线互动。

通过微信公众账号，用户可以与布丁酒店进行多种互动。比如，用户在输入框中输入文字，就能与微信机器人"阿布"进行交流。输入"北京"，阿布就会为用户反馈位于北京的布丁酒店信息。输入"美女"，用户就会收到一些清丽可人的美女照片。人性化的互动增加了用户对布丁酒店的品牌认可度，也激发了他们的参与热情。

第五步：收集数据。

微信营销的重中之重就是精准营销，而这一点必须建立在对用户充分了解的基础上。因此，布丁酒店非常重视对用户数据的收集和分析。用户在订房的时候，需要填写姓名、生日、手机号等，用户基本信息的收集并不难，难的是如何获取更多的资料。为此，布丁酒店曾经策划了一场"我们的纪念日"活动，只要用户通过微信公众账号回复自己与情侣、爱人的纪念日，如相识纪念日、恋爱纪念日、结婚纪念日等，就有机会在纪念日当天获得免单。通过这样的方式，布丁酒店获取了大量的纪念日信息，丰富了自己的数据库。类似的活动，能够帮助布丁酒店描绘出关于用户的更全面、生动的"画像"，从而使布丁酒店在推送信息的时候更精准，策划的营销活动也会更有效。

2. 内容设置应以用户需求为导向

酒店业的微信公众账号在内容上应该以用户需求为导向，需要深度挖掘、用心构思。如果只是一味地进行广告推送，或者发布一些心灵鸡汤、笑话百科类的内容，只会让用户心生厌烦，从而令微信公众账号失去营销价值。

以用户需求为导向，也就是说，酒店业微信公众账号的内容设置应该能够满足用户的基本需求，具体可以分为五个部分：一是基于地理位置信息的酒店查询和预订功能，二是订单管理功能（取消订单、更改订单等），三是会员管理功能（开通会员卡、绑定会员卡、会员优惠等），四是投诉与反馈功能（为用户投诉和反馈意见提供便利渠道），五是优惠与促销活动发布。

值得注意的是，对于酒店微信营销来说，最重要的其实不是吸引新用户，而是二次销售。只要酒店微信公众账号与用户之间建立了良好的关系，并且形成了较强的用户黏性之后，才能使更多的人进行二次购买。因此，酒店要想通过微信公众账号来实现自己的商业目的，必须重视与用户之间的互动，必须边交朋友边做生意。这也是微信营销区别于其他传统营销方式的最本质之处。

第八节 快速消费品行业的微信营销策略

快速消费品，指的是使用寿命比较短、消费速度比较快的消费品，比如牙膏、洗发水、鞋油、护肤品、卫生纸、纸尿裤等个人卫生用品，以及空气清新剂、杀虫剂、肥皂等家庭护理用品和烟酒饮料等。

快速消费品行业偏重营销取胜。对于这些企业来说，要想让自己的产品变得"快销"，就必须要紧跟时代潮流，密切关注消费者需求，深度研究消费者的各种行为，充分利用各种社会化媒体及互联网工具。因此，微信刚一推出，快速消费品行业中的很多具有商业敏锐感的企业就开通了微信公众账号。那么，快速消费品行业究竟如何做微信营销呢？

1. 陪聊式微信营销

精准性和私密性是微信的两个主要特点，很多快速消费品企业就利用微信的这些特点来与用户进行私密性的互动。正是基于此，最初有很多微信用户是抱着与品牌进行一对一的聊天的目的，才关注某些快消品品牌的微信公众账号的。然而，大部分用户在关注了这些微信公众账号并尝试与其聊天之后，却发现对方只不过是一个冰冷的机器人，所谓的"聊天"也不过是生硬地一问一答。因为体验太糟糕了，很多用户对品牌微信公众账号非常失望，严重的时候，这种失望还会影响到品牌。

正所谓有需求的地方就会有服务，既然用户希望得到陪聊式互动，那微信公众账号就应该致力于为用户提供良好的沟通体验。快速消费品品牌"杜蕾斯"在这一点上就堪称典范。

杜蕾斯的微信公众账号上专门成立了一个"陪聊"小组，他们自称是"杜杜"，与用户进行交流与互动。比如，在"禁止调戏"板块中，点击"求安慰"，就能收到"杜杜"推送的消息："是不是心情不好？让杜杜来哄哄你吧！"用户只要回复"男声哄我"或"女声哄我"或"粤语哄我"就可以收听。"杜杜"还会温馨地提醒用户："以上各类都有很多条，全部随机发放。想要杜杜多哄哄你？多发送几次关键词就可以听到不同款的了哦！"点击"听乡音"，"杜杜"会关切地问你："想家了吧？亲！在外漂泊的你有多久没有听到过家乡话了？是不是在初冬的夜晚有些怀念温暖的家？"回复家乡名，就能听到"杜杜"发送的家乡话。

除了陪聊之外，"杜杜"还经常向用户发放免费的福利。比如，2012年12月11日，杜蕾斯的微信公众账号向用户们推送了这样一条微信活动消息："杜杜已经在后台随机抽中了10位幸运儿,每人将获得新上市的魔法装一份。今晚10点之前,还会送出10份魔法装!如果你是杜杜的老朋友,请回复'我要福利',杜杜将会继续选出10位幸运儿,敬请期待明天的中奖名单!悄悄告诉你一声,假如世界末日没有到来,在临近圣诞和新年的时候,还会有更多的礼物等你来拿哦。"活动刚一推出,只用短短两个小时的时间,杜蕾斯的微信公众账号就收到了几万条"我要福利"的回复,用10盒套装就换来几万粉丝,这样的生意实在是太划算了。

在杜蕾斯的微信公众账号上,用户得到的每次反馈与回复,都是私密而真实的,且不乏幽默与情绪。通过这样的互动聊天,用户不但得到了自己想要的陪伴感、安全感,也会在潜移默化中了解到与以往不同的杜蕾斯,对杜蕾斯品牌产生更多的好感。

其他快速消费品企业也可以向杜蕾斯学习陪聊式微信营销,在自己的微信公众账号上设置专门的"陪聊"环节,通过与用户的互动来让用户体验到品牌的另一面。当用户感受到了品牌的诚意之后,自然愿意与身边的人分享,这无意之中就会提高品牌的知名度。

当然,陪聊式互动也会给快消品牌微信公众账号带来很大的挑战。当微信关注用户增加到一定的数量之后，就需要安排专门的陪聊人员来对微信公众账号进行维护。如果人员不足的话，用户体验就会受到极大的影响。

2. 促销式微信营销

对于快速消费品行业来说，最重要的就是要"快"。那么，什么样的微信营销才能让快速消费品行业的销售额猛增呢？这个问题，你到超市里去看一看就能找到答案。超市里，最多的是什么？是打折的海报，是促销的广告牌。在快速消费品的消费者中，注重实惠、追求低价的家庭妇女和老年人占据了很大的比例。对于这一群体来说，促销有着巨大的魔力。有的时候，他们甚至愿意多走两站路，到另一家超市去买洗衣粉，只为了节省两毛钱。

快速消费品行业的微信营销也必须传承重视促销的原则，多做一些促销活动。比如，星巴克就经常在微信公众账号上推出一些优惠活动。在餐饮业的微信营销策略一节中，我们已经讲过了星巴克的微信营销成功之道了。但同时作为一个集咖啡、甜点于一体的快速餐饮店，它也属于快速消费品行业。在促销这一方面，星巴克的表现十分出众。

2014年2月21日，星巴克通过微信公众账号推出了"加入星享俱乐部，请你喝咖啡"活动；2014年5月8日，在端午节前夕，星巴克又在微信平台上举办了"星冰粽"券预售活动。这样一来，从微信上看到了优惠信息的关注用户们很可能就会前往星巴克实体店进行消费。

星巴克的促销活动主要针对的是它的微信关注者，能够满足用户希望获取有趣信息的直接需求。因此，它所推送的信息并不会令用户感到厌烦。而且，星巴克的微信公众账号还会通过精心设计的海报、与时事热点的结合及温馨关切的文案，使促销活动看起来不那么冰冷、生硬，让用户更易于接受。这不但能够促进销售，还在某种程度上达到了品牌宣传的效果。

3. 客服式微信营销

对于快速消费品企业来说，运营微信公众账号的另一个策略是定位于客服平台，做好客服工作。

快消品品牌用微信公众账号做客服能够达到一举两得的作用：一是不用每天向用户推送信息，不会对用户造成骚扰，当用户有需求时就会想起通过这个渠道来解决问题，这时微信公众账号就可以大展身手；二是能够在一个封闭的空间里将产品问题妥善地解决。很多用户都曾经遇到过购买了质量有缺陷的产品却不知到哪里投诉、求助的情况。有了微信公众账号这个渠道，用户就多了一个投诉与反馈的平台。如果问题得到了良好的解决，他们就不会大肆传播品牌的负面信息，从而避免了更大危机的酝酿。同时，快消企业也可以获得一个收集用户反馈的途径，从而进一步完善自己的产品、提高产品质量。

与消费者对话，是快消品品牌微信工作账号的一个重要作用。从一定程度上来说，客服的服务质量与表现就代表了品牌的信誉与价值。利用微信来做好客服工作，进而凸显品牌的形象，提高消费者的忠诚度，就是客服式微信营销存在的意义。

无论是陪聊式、促销式还是客服式微信营销，最本质之处就是与消费者之间的沟通与互动。只有重视这一点，与他们进行良性的、双向的、积极的互动，才能取得消费者的信任，也才能凸显出品牌的力量。

第九节 出版业的微信营销策略

如今，出版业已经步入了"微信时代"，6亿微信用户催生出了一个广阔的市场，同时也为出版业的图书营销创造出了巨大的利润空间。因此，很多出版社、图书出版公司纷纷利用微信这个新兴的营销平台，踏上了微信营销的征程。一些出版社以社名开通了微信公众账号，如北京大学出版社、中央编译出版社、电子工业出版社、中信出版社等。还有一些出版社以图书品牌名称开通了微信公众账号，如广西师范大学出版社的"理想国"、磨铁图书公司的"铁葫芦图书"等。

通常来说，关注出版机构微信公众账号的用户，大都是对这个出版机构及其图书产品比较认同的读者，购书频率高、购书种类多。针对这一群体进行营销，更能对出版机构的图书销售产生带动作用。不过，出版业的微信营销还处于刚起步阶段，众多出版机构还在摸索通过这个渠道进行营销的突破点。下面我们将从图书、报纸及期刊三种出版物类型来对微信营销策略进行介绍。

1. 图书微信营销

图书作为一种标准化产品，非常适合微信营销。现在，图书利用微信来进行营销的主要方式有三种：

（1）二维码营销

二维码营销，就是在图书封面或封底印上二维码，只要用户拿起手机用微信"扫一扫"，就能获取该图书的基本信息，如作者、出版日期等。除此之外，微信上还可以显示当当网、卓越网等电子商务网站上这本书的信息，以便用户在进行价格比较和评论浏览之后,做出购买决定。

(2)通过书城微信公众账号来推广图书

书城的微信公众账号是一个综合性的信息平台。它不只是为一家出版机构服务,而是会不定时地进行多种图书的推广与宣传。天翼阅读的个性化图书推荐,就受到了很多用户的好评。

通过天翼阅读的微信公众账号,用户可以随时随地点击阅读当下最为流行的好书。书荒的时候,还可以即时获取天翼阅读的个性化图书推荐。比如,输入关键词"经管",天翼阅读微信公众账号马上就会为用户推送《万科真相》《苹果风暴》《祝你成功的金钥匙》等经管类图书的介绍、评论及阅读链接。用户只要在微信页面上单击链接就可以试读这本书,既方便又快捷。

除此之外,天翼阅读还会通过微信公众账号定时推送一些图书信息,如最新上市的流行小说、漫画等。用户只要打开微信就能看到图书的详细信息,如封面、简介、作者等,然后根据需要来决定是否阅读与购买。

（3）出版机构开通微信公众账号来进行图书推广与宣传

陕西人民出版社的微信公众账号曾经开展了一次图书推广活动，只要用户转发《我走得很慢，但我从未停下来》一书的片段摘录，并且集齐30个"赞"，就能获赠此书。

2. 报纸微信营销

报纸是一种讲究时效性的出版物，通过手机客户端订阅等方式进行信息传递，能够使报纸达到更好的营销效果。尤其是伴随着智能手机用户数量的不断攀升，以及用户手机阅读习惯的日益固化，通过微信公众账号进行信息推送，已成为报纸不可忽视的营销策略之一。

报纸开通微信公众账号，既能将已经形成阅读惯性的老读者引流到微信平台上，又能吸引更多的新读者。更重要的是，通过微信公众账号，报纸能够实现信息的点对点传播。

对于报纸的微信营销，内容是重中之重。从现有的报纸类微信公众账号来看，推送的主要内容可以分为五种，一是最新资讯，二是热点话题，三是深度点评，四是突发新闻，五是新闻活动，这些大多缺乏特色性。报纸要想运营好微信公众账号，需要结合自身的特点，来推送一些差异化的新闻与报道，从而吸引更多的目标用户。

报纸类微信公众账号应该重视与用户的互动，互动方式可以根据自身特点来自由选择。比如，新欧华报的微信公众账号与用户的互动交流多以语音的形式进行；而风尚周报的微信公众账号则为用户提供了多种回复选项，根据用户的关键词回复不同的内容。

3. 期刊微信营销

与图书、报纸相比，期刊的特点是目标对象更加细化、受众黏性更强。期刊利用微信来进行营销，更能够深入挖掘用户的个性化需求，从而针对用户的回复和关注程度，为他们提供独特的文章和专题推荐。

现在，在微信平台上，期刊类微信公众账号的活跃度更高，并且已经形成了较为成熟的运营模式。我们可以通过对下表中的五种期刊的比较，来总结期刊微信营销之道。

期刊名称	信息内容	互动方式	营销方式
南都娱乐周刊	文章阅读、热门推荐、杂志预告	图片文字线性传播、明星语音、指导用户选择回复	内容为王
中国周刊	文章阅读、最新动态、封面赏析、订阅信息	图片文字线性传播、指导用户选择回复	差异化互动
生活周刊	推荐阅读、封面赏析	图片文字线性传播、节日活动策划	微网客户端互动
三联生活周刊	文章阅读、读书笔记	图片文字线性传播、节日活动策划	微网客户端互动
汽车微杂志	文章阅读	图片文字线性传播、指导用户选择回复	软文广告

首先，从内容上来说，期刊类微信公众账号的主要内容应该为文章阅读、杂志预告、封面赏析、订阅信息、读书笔记等。

其次，从互动方式上来说，期刊类微信公众账号应该给用户提供不同的信息分类，引导用户回复数字或关键字来获得个性化的信息，在节假日需要推出专门的策划活动，以激发读者的互动热情。

最后，从营销方式上来说，期刊类微信公众账号应该重视差异化互动，并潜移默化地将软文广告插入到内容之中，从而达到更好的营销效果。

除此之外，出版业微信营销还应该注意以下几点：

第一，探索多元化的内容形式。出版机构通过微信公众账号推送的内容应该让用户能够一目了然地看到文章或图书的基本信息，引起用户的阅读兴趣。除了文字之外，还应该为用户提供多种阅读形式，也可以尝试推送语音、视频等内容，从而满足用户的不同需求。

第二，尽量简化阅读流程。如果用户想要阅读某本书或某篇文章，只需要单击作品就可以在线试读。阅读流程越简单，营销效果越好。

第三，重视服务的交互性。通过微信公众账号，出版机构在出版的每一个环节里都能与目标读者进行有效的沟通。让读者参与到出版的整个过程中，比做什么宣传推广所达到的营销效果都要好。图书、报纸或期刊出版之后，把相关基本信息和购买渠道及时通过微信告诉目标读者，读者就会自动通过分享、评论等功能进行口碑传播。交易完成之后，出版机构还可以通过微信公众账号提供到位的售后服务及不断完善更新的增值服务，为接下来的图书宣传和销售打造坚实的基础。

第四，统一品牌风格。在推送信息的时候，应该注意品牌风格的一致性。比如，在每张图片上都加上统一的标签，这个标签可以是出版机构的logo，也可以是微信公众账号的二维码，还可以是一句朗朗上口、易于传播的广告语。

第五，重视话题营销。对于出版行业来说，内容话题是微信营销的信息主体，也是出版机构与用户之间互动的一个基础。因此，出版机构在微信营销的过程中，应该重视话题营销。出版机构需要结合自身文化属性的独特性，以及微信用户的偏好与倾向，策划容易传播、接受度高的内容话题。在选择话题时，要重视差异化，避免与其他同类微信公众账号重复，导致用户出现审美疲劳。

出版业从业者总是会思考一个问题，那就是怎样才能将自己与读者之间的距离拉近，怎样才能在目标读者群体中进行最快速有效的阅读传播。而微信平台，则恰好能够帮助出版机构解决这个问题。任何一家出版机构，都不能错过这个免费的营销平台。然而，要想利用好这个平台，并不是一件容易的事。对于出版机构来说，营销策略虽然重要，但最关键的还在于，必须具备为读者服务的精神，为读者提供更高质量的阅读服务。

第十节 汽车销售业的微信营销策略

如今,越来越多的汽车销售商和代理商选择加入微信营销的队列中,微信营销已成为汽车销售业进行社会化营销的第一选择,也成了汽车经销商推广汽车品牌、进行线上销售,以及维护客户关系、进行客户服务的一个得力工具。

汽车销售业中的微信营销其实很简单:通过汽车经销商的宣传,微信用户关注其微信公众账号,获取自己所需要的信息。而汽车经销商则可以利用这个渠道来推广和宣传自己的产品,从而达成交易。

最早尝到微信营销甜头的,是浙江奥通汽车有限公司。在其他同行们还不知道微信有什么妙用的时候,浙江奥通汽车就率先开通了微信公众账号,开始了微信营销之旅。

2012年10月,浙江奥通汽车开通了微信公众账号,成了汽车销售领域最早开通微信公众账号的4S店。浙江奥通汽车对微信公众账号的经营是按部就班、有条不紊的。

首先,进行官方认证,让用户能够直接搜索到自己。微信公众账号得到微信官方认证之后,被推荐的概率将会大大高于未经认证的账号。因此,浙江奥通汽车刚一开通微信公众账号,就进行了官方认证,让用户在微信里搜索时能第一时间看到自己。

其次,每天推送精品信息,以内容来打动用户。浙江奥通汽车的微信公众账号每天都会推送一条精品信息,信息配以高清晰度的图片,并加上文章的精炼介绍,让用户对内容一目了然。

再次,开发了基于微信第三方接口的微网站。为了让微信公众账号展现出来的内容更丰富、更全面,浙江奥通汽车还开发了微网站,在微网站中通过文字、视频等多种形式,来展示企业文化、形象和活动,让用户充分了解奥通的企业价值，为用户提供更好的体验。在微网站上，浙江奥通汽车还特意添加了一键导航和一键电话拨号功能，用户只需要单击一下，就能与奥通取得联系。

最后，策划多种多样的活动，宣传自己的品牌。通过微信公众账号，策划丰富多彩的活动，来推广奥通代理的汽车品牌。这既能借着国际知名汽车品牌的东风宣传自己的企业，又能跟销售、服务紧密对接。在活动的奖品设置上，浙江奥通汽车也独树一帜，他们很少会送ipad、iphone等时下流行的奖品，而是向参与的用户赠送奥迪系统小部件。这样，既能够突出品牌的特性，又能引起更多人的关注。

在半年多的时间里，浙江奥通汽车就新增了4000多关注用户，通过微信公众账号直接或间接地销售了20多台汽车。现在，浙江奥通汽车每次组织活动，来自微信关注用户的反响总是最为热烈的，已经有500多人通过这个渠道参与到了他们策划的各种活动中来，人数远远超过了来自其他平台的人。

其实，汽车经销商开通微信公众账号，目的无非有以下几个：一是利用

微信的信息推送和关键词回复功能，为用户提供一个更便捷的信息渠道，使他们能更方便地获取购车、用车和保养方面的信息；二是利用微信的即时互动功能，为用户提供咨询、售后、反馈、投诉等服务，使用户获得更好的体验。为了实现这两个目的，汽车经销商在进行微信营销的时候，不妨遵循以下几个策略。

1. 明确品牌战略，给微信公众账号一个清晰的定位

对于汽车销售行业来说，品牌战略是非常重要的。明确了品牌战略，才能明确汽车经销商的微信公众账号的定位，明确它要实现的价值，明确如何满足用户的需求。然后，根据这个价值定位及用户需求，来决定向用户推送什么内容的信息，决定信息的传播方式。

2. 一对一的信息推送

一对一的交流互动方式是微信的一个主要功能。通过这个功能，汽车经销商就能建立起与消费者之间的直接联系。为什么要建立起这种直接联系呢？这是因为每个用户的购车需求都是不同的。比如，一个用户关注了某个汽车4S店的微信公众账号，想要购买一辆汽车，他的预算是20万左右。这时，汽车4S店就需要了解他的需求是什么：是为了上班通勤使用，还是为了周末休闲度假使用？如果用户是为了上班通勤，在信息推送的时候就要强调节油性；如果用户是为了周末休闲度假使用，就要强调其乘坐舒适性及空间优越性。

其实，一对一的信息推送，从本质上来说，就是与用户互动，通过互动了解用户需要什么样的汽车、购车目标是什么，才更容易达成交易关系。

3. 进行数据分析，对客户进行精细划分

汽车经销商应该为那些通过微信公众账号进行咨询、预约、购车的用户建立起详细的数据库。根据他们的需求、地域、收入状况等，对这些用户进行精细划分，以方便对他们进行后期追踪和二次销售。

4. 建立微网站，全面展示企业信息

汽车经销商应该在微信公众账号上植入微网站，并在微网站上发布一些最新动态、车型活动、车型报价等能满足大部分购车者需求的信息。还可以提供一键服务预约，让用户通过微网站就可以进行试驾预约、维护预约、保养预约等，更快捷地获得服务。

5. 真实展示购车信息，刺激用户购买欲望

通过微信公众账号，经常发布一些新车资讯等，让用户了解到更多的信息，有利于用户做出购买决定。除此之外，汽车经销商还可以在微信上展示最新的消费者提车信息，向用户做出最真实的宣传，刺激他们的购买欲望，提高潜在用户的信任度。

6. 客户管理，实时互动

汽车经销商不但能够在企业微信公众账号的后台看到营销分析、用户分析、页面分析等数据，还可以对报价推广效果、企业新闻及预约服务等业务指标进行适当的监控管理，从而为阶段性的微信推广决策提供有力的支持。

7. 用折扣和优惠来吸引用户关注

如果汽车经销商只是开展一些简单的互动小活动，是不可能引起消费者的关注的，因为他们卖的不是一些小物件，而是汽车。便宜十几块钱甚至几百块钱，

对于汽车购买者来说，诱惑力是不够的。因此，汽车经销商必须要为用户提供一个明确的诱因，如"关注微信公众账号，享购车九折优惠"来吸引用户前来看车、买车。

8.活动礼品应该独具特色

汽车经销商在进行活动营销的时候，往往会向用户赠送一些小礼物或折扣券。在这里，必须要提醒的一点是，礼物一定要是独具特色的东西，最好是市场上买不到、竞争对手很难模仿的东西，这样才能提高用户参与活动的热情。

除了以上几种策略之外，汽车经销商还应该加强与各个地方车友会、车迷俱乐部的沟通与联系，甚至将微信公众账号发展成为车友会的活动交流平台。这样一来，各地车迷俱乐部组织的各类活动也会在客观上推动微信公众账号的传播，进而提高微信营销效果。

第十一节 服装业的微信营销策略

电子商务的日益兴起，为服装业注入了新的活力，很多服装企业都纷纷看中了淘宝、天猫、京东商城等网站所提供的广阔市场空间，一些原本靠实体店生存的品牌服装开始依附于购物网站来进行销售。然而，即使这些购物网站的实力再强大、用户数量再广泛，如果没有一个好的营销方式，恐怕也难以吸引消费者的注意力。伴随着微信的日益崛起，很多服装企业都把目光投向了这种新兴的营销方式。

进入微信平台来开拓新的营销渠道的服装企业其实并不少。比如，"凡客诚品"这个早就为人们所熟知的潮流品牌就堪称是"第一个吃螃蟹的人"。

现在，凡客诚品在互联网上几乎已经家喻户晓了，凡客创造的"凡客体"

也一度成为众多年轻人热衷并模仿的网络词语。当然,最令人感兴趣的,还是凡客诚品物美价廉的服装和便捷的物流。在凡客诚品上,只需要花上几十块钱就能够买到令人满意的时尚T恤衫,第二天T恤衫就会送到你的手上。如果你试穿不满意的话,还可以当场退货。

这样一个店,却没有实体店。那么,它是通过什么方式来进行营销的呢?答案就是网络营销。网络营销是凡客诚品推广产品的一个主要途径,无论是搜索引擎、平面广告、游戏植入还是视频广告,只要能够利用,凡客诚品都不会放过。因此,微信刚一兴起的时候,凡客诚品就开通了微信公众账号,开始进行微信营销。

关注凡客诚品的微信公众账号后,用户只要点击并绑定自己在凡客诚品官方网站的账号,就能轻松进入凡客商城界面,浏览商品、购买商品并进行支付。通过微信公众账号,用户可以快速查询订单、管理订单、物流信息、商品送达时间,还能实时获取凡客诚品推出的最新优惠活动。用户只需要打开微信,就能在凡客商城随时随地进行购物,不仅节省了大量的时间,而且享受到各种便利的服务。

不仅如此,通过微信公众账号,用户还可以与凡客诚品的客服人员进行一对一的沟通。比如,用户可以询问凡客微信客服人员任何关于服装的问题,客服人员会根据不同的问题给出详细的解答,帮助用户买到合适的服装。

便利的购物体验、周到细致的服务,使大量的用户开始关注凡客诚品的微信公众账号,其关注用户很快就达到了上百万。这些用户大都是认同并欣赏凡客精神的年轻人,他们有共同的性格特点,年轻勇敢、喜欢挑战、追求时尚、热爱交友。他们在享受凡客诚品提供的快捷服务的同时,还会把这个微信公众账号推荐给自己的同学、朋友和同事,让凡客诚品的微信公众账号在一传十、十传百的口碑传播中得到更好的营销效果。

凡客诚品的案例说明，服装业是一个适合进行微信营销的行业。要使你的服装品牌取得微信营销的成功，可以采取以下几个策略。

1. 从技术层面将微信公众账号的功能打造得更加完善与强大

俗话说，工欲善其事，必先利其器。微信营销要达到良好的效果，首先应该完善微信公众账号的功能，使其更全面、更强大、更具有操作性。服装企业可以通过微信提供的第三方接口将技术平台接入微信公众账号上，实现双平台运营。

具体来说，在微信公众账号上可以接入的功能有以下几种：

（1）建立微网站

在微信公众账号上接入微网站，在微网站上展示企业的最新动态、新品推荐、店铺地址、品牌介绍、品牌历史与文化等，能帮助用户更全面地了解服装品牌，了解企业文化与价值，从而提高用户的体验度和忠诚度。

（2）引入"会员卡"

经济学中的二八定律告诉人们，20%的核心用户将会给企业带来80%的利润。实际上也的确如此,维护好一个老用户需要投入的成本远远低于开发一个新用户。而微信会员制,则是维护老用户的一个好方法。微信公众账号的"会员卡"能够实现储值、积分及兑换等多种功能,让用户切实享受到利益。这样一来,就能使用户通过分享与转发的形式来进行病毒式营销,从而使微信公众账号得到极大的传播。除了积分之外,服装企业还可以给会员发送优惠券、折扣券等,从而吸引微信关注用户到实体店或网络店铺进行消费。

(3) 添加微导航功能

在微信公众账号中添加微导航功能,使用户只要点击一个按钮,就能实现公交、地铁、自驾、步行等多种方式的导航,让用户更快速地找到线下店铺,从而将更多的用户引流到线下进行消费。这不但能够提高销售业绩,还能增加用户黏性。

(4) 将实体店中常用的促销工具移植到微信公众账号上

比如,将"大转盘""刮刮乐"等促销活动植入微信公众账号,使用户在离开实体店之后也可以通过手机客户端参与活动。一旦中奖,就必须到实体店去领奖。这样,不但能够吸引更多的用户参与,还会将大量的用户带到实体店里进行消费。

除了以上四种功能之外,在微信公众账号的日常维护中,也可以经常设置一些互动话题来提高用户的活跃度,从而加深用户对品牌的印象。比如,在微信公众账号上举办"猜图有奖""在线投票"等活动,吸引用户与品牌进行互动。

2. 重视内容的丰富度与营养度

对于所有行业来说,微信营销都要以内容为王,服装企业的微信运营也不例外。如果不重视内容价值,每天向用户推送一些毫无价值的信息,用户就会果断地取消关注,那么微信营销也就无从谈起了。

因此,服装企业的微信公众账号在推送信息的时候,一定要重视内容的丰富度与营养度。也就是说，推送的信息一定要是用户希望看的、喜欢看的，并且看完愿意分享给其他朋友的。为了做到这一点，在推送信息之前，服装企业需要对用户的需求和偏好进行分析，看看自己所推送的内容是否会受到他们的欢迎。而广告则可以巧妙地植入这些内容之中，让用户不知不觉中将其吸收。

3. 线上、线下结合起来，实现准O2O模式

什么是O2O模式？它指的是线上、线下相互结合的全新营销模式，用户在线上进行产品浏览、了解、支付，到线下去进行消费体验。现在，微信已经能够实现O2O模式，服装企业可以在线上策划、组织一些能使用户切实获得利益的活动，吸引用户参与、购买，然后再引导用户到线下实体店去领取奖品、消费体验。这样，就能极大地提高销售额。

除了以上三个策略之外，服装企业在进行微信营销的时候还需要注意三点：一是重视活动策划，多组织一些有创意的、新颖的活动，以迎合目标用户的兴趣点，从而引发他们的参与热情；二是及时更新最新的优惠、秒杀活动，使微信公众账号对用户始终保持充分的吸引力；三是一体化流程要完备，如物流、购物、款式选择等，都要完善到位。做好了这几点，服装企业就一定能通过微信营销创造更好的业绩。

第十章

互联网行业的微信营销策略

第一节 互联网行业的微信营销策略

伴随着微信用户的迅猛增长,微信已成为占据主导地位的社交工具。微信的崛起,具有划时代的意义,它创造了一种独特的、颠覆性的互联网生态:一种用户数量庞大、规模足以自给自足的生态,一种关系型的开放生态,一种交互性强的高活跃度生态,一种整合了手机通讯录与QQ通讯录、打通线上、线下双向关系的生态。

一方面,这种全新的生态给其他互联网产品带来了极大的冲击,对于这些互联网企业来说,如果不融入微信生态之中,可能就会面临死路一条。它们自身平台上的任何一种功能、任何一种服务都有可能被瓦解、被取代、被转接到微信平台上。因此,互联网企业必须以积极的、开放的心态加入微信生态圈中,充分利用微信这个平台来推广和宣传自己,吸引更多用户的关注。

从另一方面来说,微信也为互联网企业带来了新的商机。微信所具有的高用户黏性、精准营销的优势,能够帮助互联网企业实现网站运营方式从粗放式到精准式的转变。同时,微信的互动性与沟通便利性,也能促使互联网企业与用户之间进行更便捷、更高效的互动,建立起长期的、稳定的交互关系。更重要的是,微信的亿级用户基础也足以令微信生态培养出众多互联网企业所需要的次级别生态,使用户在这里找到归属感,并被越来越强地黏住,进而为互联网企业创造价值、创造利益。

现在,大多数互联网企业已经敏锐地认识到微信的价值,并且利用微信这个平台来获取更大的发展。一些地方性互联网企业，开始利用微信所提供的基于LBS（地理位置）的服务，如"查找附近的人"等来拓展新用户、扩大在区域内的知名度。一些新闻类的互联网企业，也纷纷开通微信公众账号，利用微信的实时性和一对一交互来向用户推送更精准、更有时效的新闻内容。一些综合型互联网企业，则通过微信来加强与用户之间的互动，从而占领用户心智、提升品牌形象、扩大现实影响力。

从2013年1月到2013年5月，金山网络只用了不到半年的时间就积累了100万微信关注用户，堪称是互联网企业微信营销的一个典范。他们的运营策略值得很多互联网企业借鉴与学习。

2013年1月，金山网络正式开通了微信公众账号。基于对微信平台的把握和对用户心理的了解，金山网络在利用微信进行营销的过程中，主要采用了以下几个招数：

招数一：将微博上的粉丝引流到微信上。

和大部分微信公众账号一样，金山网络微信公众账号的第一批关注用户来自微博粉丝。微博粉丝之所以能够引流到微信上，一是因为通过微博互动，粉丝已经对金山网络有了较高的忠诚度，换一个渠道，他们也愿意关注金山网络；二是微博与微信都是社交工具，用户重合率比较高，使用微博的人往往会比其他人更容易接受微信。尽管如此，还是不能对转化率抱有太高的期望。因为用户关注的微信公众账号数量远远不及他所关注的官方微博数量，只有那些忠诚粉丝，才愿意从微博迁移到微信上来。而且，微博粉丝本来就含有较大的水分，存在着大量的"僵尸粉"。

招数二：与用户进行创新互动。

最初，金山网络的微信公众账号采用推送信息、有奖活动及人工回复的方式来与用户进行互动，但这样做收效甚微。一开始的时候，互动率比较高，可没过多久，就迅速下降了，甚至还有大批用户因为感觉受到了打扰而取消了关注。

于是，金山网络有针对性地对互动方式进行了调整：首先，推送信息的频率应该适度，即使是促销信息，对于用户来说也可能会造成骚扰；其次，在微信公众账号上推出了微信平台第一款剧情制MUD游戏。当时恰好赶上了"世界末日"这个热点话题，金山网络的这款游戏借着这股东风，整合了安全话题，再搭配以丰富的剧情，引起了很多用户的关注。没有设置任何奖品激励，就俘获了大量用户的心，很多人甚至主动分享给自己的朋友。这款微信游戏给金山网络带来了20万新增关注用户，并且单个用户平均互动次数达到了8次，充分提高了用户黏性。

招数三：善于利用微信公众账号菜单。

一些微信公众账号把菜单当成是单纯的推送信息的文字链接入口，希望通过这样的方式来获得更多的信息曝光机会。实际上，这样做的效果非常微小，因为没有人愿意再去花时间看那些之前推送的内容。金山网络将微信公众账号菜单分为三个部分：一是信息推送，二是游戏互动，三是与金山网络相关的资讯和入口。这样一来，菜单的点击率就得到了大幅度地提升。

招数四：为微信专门开发新产品。

为了吸引更多的微信用户，金山网络专门开发了适合微信平台的新产品：绿野仙踪皮肤特别版。在此之前，软件的皮肤都是静态的，而金山网络的这个特别版皮肤不但设计成3D形式，还添加了丰富的剧情，成功吊起用户的胃口。金山网络又通过金山手机毒霸、金山电池医生这两个微信公众账号，采用"发福利"的形式，向金山的粉丝们发放邀请码。要想获得邀请码，就必须关注微信公众账号。这样一来，金山网络的微信公众账号就在短短几天的时间里迅速增长了10多万。

对于互联网企业来说，抓住微信这个平台，找到适合自己的微信赢利模式，其实并不是一件难事，只要按照以下几个策略来做，就可以事半功倍。

1.明确目标用户

任何一个互联网企业，无论是传统门户网站、区域门户网站，还是行业网站,在进行微信营销的时候,首先要做的一件事就是明确目标用户。在开通微信公众账号的时候,应该选择好自己的目标用户群,他们所在的区域、年龄分布、教育水平、兴趣爱好、行为偏好等都要考虑在内。只有找对了目标用户群之后,才能使微信营销更有针对性。

2. 合理设置微信公众账号的栏目

微信公众账号可以看作是互联网企业的一个"微网站",其栏目设置是非常重要的,一定要突出互联网企业的特点和优势。比如,地方性生活服务网站最吸引用户的就是各种各样的生活服务信息,它的微信公众账号栏目设置一定要突出这些信息,使用户能快捷地通过微信平台获取原本需要登录电脑才能看到的信息。除此之外,在进行栏目设置的时候,一定要充分把握当时当地的热点话题,使用户一打开微信公众账号,就能看到这些热点信息,从而吸引用户的注意力,培养他们的阅读习惯。

3. 签名设置要突出"奇"

互联网企业之所以要开通微信公众账号,一个重要的目的就是获得更多用户的关注,从而提高网站的知名度。要实现这一点,互联网企业应该充分利用微信本身的功能。比如,每个微信公众账号都有一个功能介绍,我们将其称之为"签名",在填写签名的时候,有一个原则就是"奇",要尽可能突出网站的特点,让用户一眼就能记住这个互联网品牌。

4. 重视活动营销

微信用户是非常愿意参加一些互动性比较强的线上、线下活动的。因此,互联网企业一定要利用微信公众账号多策划一些精彩的活动,吸引用户参与。

小米公司经常通过微信公众账号开展在线活动,它曾经在两天的时间里收到了280万条用户互动信息,创造了微信营销的一个全新纪录。

2013年1月，小米公司开通了微信公众账号。其运营团队并没有着急开展活动，而是投入了大量时间来探索在什么时候推广什么活动更易于引起用户的参与热情、更适合微信营销。等到他们找到这个问题的答案之后，于2013年3月策划了一个名为"小米非常6+1，你敢挑战吗"的线上互动活动，活动采用的是趣味答题的游戏方式。为了鼓励用户参与到活动中来，小米公司特意设置了小米手机、F码、小米盒子和移动电源等丰富且备受人们欢迎的奖品。只要用户关注小米的微信公众账号，就有机会获得这些奖品。这次活动为小米公司带来了6万多关注用户，同时也创造了400万元的销售额。

2013年4月9日，在米粉节（4月6日是小米公司成立的日期，为了回馈一路支持的粉丝，小米将4月6日定名为米粉节）期间，小米公司再接再厉，策划了一场米粉节直播活动，为粉丝们提供了极具诱惑性的奖品——只要添加小米公司的微信公众账号为好友，回复"go"就可以参与抢答，每隔10分钟，就会送出一台小米手机。活动当天，小米公司的销售额为200万，其微信公众账号共收到了280万条信息，微信关注用户也从活动前的51万直接飙升到了65万。

小米公司通过微信公众账号策划的活动能屡屡调动起用户参与的积极性，主要原因是小米公司在每天开展微信活动之前，都会通过微博、小米官方网站、合作网站及小米论坛提前发布信息，告诉小米粉丝们活动的详情，营造出一种火热的气氛。在活动结束之后，小米公司还会进行后续的传播，进一步加强微信传播效应。得益于此，小米公司微信公众账号的关注用户忠诚度都很高，有50%的用户几乎每次都会参与小米公司组织的微信活动。

5. 做好服务

互联网企业的微信营销一定要重视服务，具体可以从两个方面来把握：一是提供更为精准的细分市场服务，这需要互联网企业为微信公众账号制定更为人性化的内容服务方案；二是提供更接地气的服务，不管是旅游、娱乐、新闻、房产、团购还是其他细分领域，都要让用户体验到线上服务与线下生活之间的无缝连接。要达到这种境界：让用户在充分享受便捷生活的同时，忘记了互联网。

每个互联网企业都拥有独特的个性和不同的优势，要根据自己的特点和业务来打造出一个性化、特色化的微信公众账号，从而提高用户的黏性。

第二节 汽车网站的微信营销策略

随着互联网的发展，汽车类网站如同雨后春笋般层出不穷。现在，汽车之家、爱卡汽车、易车网、网易汽车等汽车网站已成为消费者了解汽车品牌和汽车产品的主要途径。微信出现之后，很多汽车网站大胆采用微信营销这一营销方式。从某种程度上来说，微信营销也十分适合汽车网站，因为它能够发挥汽车网站与用户的互相交流优势，使汽车网站为用户提供更为个性化的服务。

下面我们就来介绍一下汽车网站常用的几种微信营销策略。

1. 成为用户身边的汽车顾问

很多消费者都习惯于从汽车网站来了解车市行情、选择车型和商家等，但汽车网站的局限在于过度依赖于互联网和电脑，不能随时随地获取信息。比如，用户在4S店看车的时候，就不能登录汽车网站来了解汽车的具体信息。而微信平台却能够弥补这一缺陷。微信是依托于智能客户端的，用户需要的时候，可以随时打开手机登录微信，查看汽车网站的微信公众账号，获取自己想要了解的信息。因此，汽车网站的微信公众账号可以将自己定位为用户身边的汽车顾问，随时随地为用户提供汽车方面的信息与服务。

爱卡汽车的微信公众账号就成功地做到了这一点。

2012年8月30日，爱卡汽车正式开通了微信公众账号。每天，爱卡汽车都会向微信用户播报最新的汽车资讯，它推送的主要内容为：车型介绍、免费试驾信息、优惠购车活动、自驾游和改装类的热门帖子等。凡是用户关注的信息，在爱卡汽车的微信公众账号上都能了解到。

爱卡汽车的微信公众账号还专门设置了"查找车型"板块，用户输入车型，就可以获取最新、最全的信息。除此之外，用户还可以发送一些关键词来与爱卡汽车进行交流，比如，发送汽车品牌名如"阿斯顿·马丁"，可获取这个品牌的基本信息及旗下所有车型的详细介绍；发送"品牌"，可获取国内外汽车品牌大全；发送"新车"，可获取当月上市的热门新车信息；发送"新闻"，能得到最新鲜、最全面的汽车资讯、试驾报告及降价行情等。用户如果在购车、用车的过程中遇到一些问题，也可以给爱卡汽车的微信公众账号留言，爱卡汽车安排了专人为用户答疑解惑。

爱卡汽车正努力将自己的微信公众账号打造成为一个随问随答的汽车顾问。现在，它的微信公众账号已经积累了将近20万关注用户。

2. 为用户提供方便、实用的购车及用车工具

用户在购车和用车的过程中，除了希望获取到丰富、实用的汽车知识之外，也需要用到一些工具，如车源信息搜索、车价评估、比价等。汽车网站也可以将自己的微信公众账号打造成为方便、实用的购车及用车工具。这方面可以借鉴的成功案例是273二手车交易网的微信公众账号。

273二手车交易网是一个大型的二手车交易平台，它的微信公众账号能够帮助用户快捷地掌握二手车咨询，获取海量的二手车车源信息，为用户买车、卖车提供有益的指导。

273二手车交易网的微信公众账号设置了三个板块："我要买车""我要卖车"及"更多功能"。如果用户是购车者，可以通过"我要买车"板块获取到丰富的车源信息。比如，发送心仪的车型信息，就能获取到全国各地该车型的二手车车源信息；发送所在的地区名称，能马上获得所在城市中正在出售的二手车。如果用户想要卖车，只要点击"我要卖车"按钮，填写联系方式和车型品牌，提交登记，马上就会有273二手车交易网的工作人员与他进行联系，洽谈相关事宜。

而"更多功能"板块，则为用户提供客户端下载、意见反馈、车价评估、招商加盟等服务。值得一提的是"车价评估"，只要在微信界面上填写车辆的基本信息，如车型品牌、车辆属地、上牌时间、行驶里程等，273二手车交易网的专业评估师就能根据最新市场需求，结合汽车年限、车辆状况、车辆折旧率等进行专业分析，为用户评估出一个真实、可靠的交易价格。用户可以将这个价格作为买车、卖车参考，使价格更合理、交易更放心。

除此之外，273二手车交易网的微信公众账号还为用户提供快捷、灵活、智能的方式了解爱车养护知识、车辆故障排除方法、保养常识、驾车技巧、汽车过户途径等。几乎所有的汽车资讯，都能通过这个小小的微信公众账号一手掌握。

对于汽车网站来说，最重要的一点是，要想用户之所想。只有了解用户的需求，为他们提供切实的帮助，才能留住用户。除此之外，汽车类资讯的推送频率不必过高，以免给用户带来过多的打扰。相反，实用性的工具则要尽可能多地整合到微信公众账号上。要知道，用户之所以会关注汽车网站的微信公众账号，一个重要原因就在于他们正处于购车、换车或卖车的关键节点，希望获取到专业性的指导和帮助。有需求的地方就有机会。

第三节 视频网站的微信营销策略

按照市场营销的生命周期理论，视频网站目前仍处于成长期。在这一阶段，视频网站需要通过各种各样的方式来进行营销，使自己被更多的用户了解并接受，从而快速壮大起来。微信营销，则是视频网站不可错过的一种高效的营销方式。

视频网站的微信营销策略主要可以分为两种，一是差异化视频服务，二是内容为王。

1. 差异化视频服务

对于大部分企业来说，差异总是存在的，很多企业的赢利模式就建立在这种差异性上。同样，视频网站在进行微信营销的时候，也要抓住自身与其他同行的差异性，为用户提供差异化的视频服务，从而在用户心中树立起与众不同的形象。

在这一点上，可以借鉴的案例是悦视频的微信公众账号。

悦视频是一款专门为娱乐用户打造的在线播放应用。它的微信公众账号坚持影片上线快、海量视频的特点，致力于为用户提供差异化的视频服务。

在运营微信公众账号时，悦视频先对自己的目标用户进行了分类，将其分为三种类型，一是核心用户，这类用户在观看视频时有个人品位、自主性比较强，他们认可悦视频，愿意主动通过微信公众账号来获取视频信息，而且每天都会关注悦视频的更新，还会及时反馈意见，帮助悦视频完善服务；二是一般用户，这类用户在观看视频时通常比较随意，没有太多的自主性，更倾向于看被推荐的视频，针对这些用户，悦视频在微信公众账号上推出了"本周网络首播""热播动作片""热播科幻片"等推荐菜单，通过这种形式来向他们推荐不同主题的视频；三是潜在用户，这类用户倾向于通过移动客户端来观看视频，但对具体的视频网站却没有什么偏好，经常是在哪个网站看到了好看的视频，就选择哪个网站，他们获取视频信息的途径有很多种，微信就是其中一个主要的途径。

基于用户分析，悦视频将自己的微信公众账号定位为：与用户进行互动分享的平台。它的主要营销目标是吸引更多潜在用户的关注，将这些潜在用户转化为一般用户，并推动一般用户向核心用户的转化。怎样才能达成这个目标？悦视频的微信公众的主要策略是向用户提供差异化的视频服务。为了实现这一点，悦视频对自己的微信公众账号从四个方面进行了完善。

第一，为微信公众账号设计了一个简洁明确的自定义菜单。在进行自定义菜单的设计时，悦视频的原则是尽可能简单，让用户用最少的操作获取最多的信息。为此，他们将悦视频的视频资源划分为电影和电视剧两种类型，用户只要点击想要了解的视频类型，悦视频的微信公众账号就会对他的倾向进行分析，从而为他自动筛选出合适的视频并推送给他。只需要一个简单的点击动作，用户就能精准地获得自己想要了解的视频信息。而那些在观看视频时具有较强自主性的用户，则可以通过常规的输入方式，发送视频名称、导演、演员、剧情等关键词获取特定的视频信息。

这个简单明确的自定义菜单，使悦视频能有效根据不同层次用户的不同需求，为他们提供精准的信息。它不但突破了常规的信息推送式传播模式，将丰富的视频内容资源更合理地展现给用户，而且能更好地满足用户需求，增强用户与微信公众账号之间的互动。

第二，添加特色功能，诱惑用户使用。悦视频还在微信公众账号上添加了一个特色功能——"懂的入"。现在，简单的推荐模式已经无法吸引用户的注意力，而那些独特的、暗示性的内容却更容易引起用户的好奇心。悦视频微信公众账号的"懂的入"功能，就巧妙地利用了用户的猎奇心，获得了用户的更多点击。

第三，善于利用微信语音功能。打开悦视频的微信公众账号，在"更多"里可以看到"发送你的声音"选项。这是悦视频特意设置的一个互动功能，用户可以通过语音来提出自己的建议或反馈意见，悦视频的客服会给予用户及时的回复。这种一对一的交互，更容易留住用户。

第四，实现微信客户端与App端的交互。悦视频进行微信营销的一个重要目的在于，把微信上的那些一般用户、潜在用户转化为App用户。因此，他们尤为重视从微信客户端到App端的转换。用户在阅读了悦视频微信公众账号推送的信息之后，如果对某个视频感兴趣，就可以点击打开悦视频的App，来进行观看。而没有安装这个App的用户，则会直接跳转到应用商店，进行悦视频App的安装。对于那些只是漫无目的地进行浏览的用户，悦视频特意在微信公众账号的底端添加了一个"猜你喜欢"的功能，通过这种方式来留住用户，增加他们的停留时间，从而提高用户的转化率。

---

2. 内容为王

对于视频网站的微信公众账号来说，推送的内容质量是非常重要的，甚至直接决定了用户是否愿意关注且继续关注这个微信公众账号。"内容为王"的原则，在这里再一次得到了淋漓尽致的体现。

优酷的微信公众账号在信息推送时就尤为重视内容质量。

优酷是一家知名的视频网站，也是国内主要的视频来源。它不但在电脑上为用户提供了优质的视频体验，也在微信客户端进行了很多尝试，竭力满足用户的需求。优酷的微信公众账号不定时向用户推送精彩视频、剧集更新信息，还经常向用户发送优酷院线的优惠券。为了向用户提供更有针对性的内容，优酷的微信公众账号特别开通了视频点播功能，用户可以通过文字、语音等多种方式来进行视频点播。只要输入相应的视频名称，就能收到一条视频信息，单击就可以观看视频。

为了更吸引用户，优酷还推出了以微信作为主题的微电影《微微信任你》，通过微信公众账号奉献给用户。颇具"笑果"的剧情，给用户们留下了深刻的印象，也使他们对优酷的好感度进一步升级。

相对其他营销方式，微信营销有着独特的优势，比如到达率高、互动直接增加点击率等。视频网站一定要对微信营销的这些优势加以利用，从而提高用户转化率，使自己在众多同行中脱颖而出。

第四节 音乐网站的微信营销策略

随着移动互联网的迅猛发展及微信的日益 App 化，音乐网站将会借助微信公众账号服务于每一个热爱音乐的人。当音乐遇上微信营销，激发出来的力量是无穷的。在不久的将来，微信公众账号可能会成为音乐网站组建移动音乐生态系统的一个重要工具。

那么，音乐网站应该如何进行微信营销呢？最主要的策略是转化为移动听歌新方式，使用户只要打开微信公众账号进行搜索，就可以听到自己喜欢的音乐。不论是在公交车上还是在地铁上，是散步时还是静静发呆，都可以通过微信公众账号来享受美妙的音乐。

在这方面，QQ 音乐已经进行了一些尝试。

QQ 音乐的微信公众账号是第一个与微信平台展开合作的数字音乐平台。它的微信公众账号具有鲜明的特色，既能够进行音乐搜索，也可以随便听听，还经常会组织各式各样的线下活动。

如果用户想要搜索音乐，只需要在对话框中输入音乐名或演唱的名字，就能获取 QQ 音乐推送的 4 首相关的音乐，用户可以自由选择自己想听的那首。如果这 4 首音乐无法满足需求，用户还可以点击"查看更多内容"，查看所有搜索结果，并在搜索结果的页面上直接试听。QQ 音乐还特意为用户准备了小小的惊喜——输入音乐特点，比如"瑜伽""欧美""怀旧""快乐"等关键词，微信公众账号就会自动推送一首精选的符合主题的歌曲。

除了智能的搜索音乐功能，QQ 音乐的微信公众账号还对自定义菜单进行了精心设计，使那些只想随便听听、没有明确目标的用户能够得到丰富的选择："今日首发"为用户提供了当天最新的华语、欧美、日韩音乐；精选专题是编辑们精心策划的专题歌单，如"唱给那些负心前任的歌""创作女歌手，别样小感动""致乐坛的'小李'们"等；"神灯"则为用户随机提供一些好听的歌，每点击一次，歌曲就会轮换。那些患有"选择恐惧症"、不知道听什么歌好的用户，免去了选择的苦恼。

QQ 音乐还经常利用自身拥有的丰富明星资源，组织线下尊享音乐会、首唱会校园行等各种各样的线下活动。这不但能有效调动起微信用户的参与积极性，也能提高用户黏性，吸引更多用户的关注。其中，刘若英首发专辑、五月天演唱会免费抢票等活动都取得了良好的营销效果。

值得注意的是，未来伴随着移动互联网的发展，在线音乐与无线音乐的界限将会越来越模糊，无线音乐将成为音乐市场中最具有增长力、利润空间最大的一个细分领域。音乐网站必须利用好微信这个平台，在无线音乐领域精耕细作，从而谋求更大的发展。

第五节　地方门户网站的微信营销策略

微信的蓬勃发展，为地方门户网站带来了巨大的商机。地方门户网站集媒体、社区和电子商务三种属性于一体。如果说在微信出现之前，地方门户网站的经营重点主要集中于社区和媒体功能的培育上，那么，微信的出现将会直接改变其运营模式，使地方门户网站的核心转移到电子商务上。

地方门户网站的微信公众账号可以利用微信基于地理位置服务及公众平台的各种功能，来实现地方门户的定制化、区域化，在第一时间为用户解决问题、提供服务，从而提高用户忠诚度，增加成交机会。

地方门户网站，从本质上来说，就是一个信息管理平台，是一个信息"大杂烩"的入口。因此，智能化咨询平台是地方门户网站微信公众账号的主要发展方向。余姚生活网的微信公众账号就是一个典型的案例。

自从开通微信公众账号以来，余姚生活网的关注用户就不断攀升。之所以能够吸引这么多人的关注，是因为余姚生活网通过微信公众账号为用户们提供了很多实用信息和人性化的服务。

余姚生活网的微信公众账号推送的信息主要是本地生活和资讯。比如，余姚人可以通过这个微信公众账号来查询当地的天气预报，获取停水预告、停电预告及车辆违章信息等。租房、二手物品转让、找工作、家政、培训等实用生活信息也应有尽有。余姚生活网的微信公众账号堪称是余姚人的生活宝典，不管在生活中遇到了什么样的难题，都能通过它得到解决。当地人一提起余姚生活网纷纷赞不绝口，因为他们确实通过这个微信公众账号享受到很多便利。

那么，地方门户网站究竟如何打造一个互动性强、用户依赖度高的智能化咨询平台呢？

1. 为用户提供有价值的本地服务

地方门户网站要想运营好微信公众账号，最重要的是为用户提供有价值的、实用的本地服务。本地服务主要包括两方面，一是生活服务，二是信息服务，两者都不能忽视。作为地方门户网站，微型公众账号推送的信息一定要与当地人生活紧密契合，要能满足当地用户的需求，并尽可能挖掘一些喜闻乐见、互动性强的话题来引导用户参与讨论，从而提高用户黏性。

除此之外，地方门户网站的微信公众账号还应该以生活、消费为主，更深地融入当地百姓的生活中，实现与用户、商家的多向互动，寻找更多盈利机会。

2. 多组织活动，以活动吸引本地用户

地方门户网站汇集了本地的生活、教育、商业、娱乐及地方特色产业链等多种内容。在这些内容中，蕴含着很多活动机会。地方门户网站要想推广自己的微信公众账号，就一定要多组织一些线下活动。通过活动来吸引新用户的关注、维护老用户，拉近彼此之间的距离。更重要的是，线下活动能够把线上积聚的人气兑换成实际消费和实际体验，从而扩大利润空间。

3. 做好 O2O

地方门户网站汇聚了大量的本地用户、本地商家，因此是 O2O 的最佳操作载体。地方门户网站可以与本地的电影院、饭店、KTV、美容店、美发店等商家合作，组织微信用户到这些商家进行消费。这不但能使微信用户享受很多实实在在的优惠，也能使地方门户网站从中赚取一定的佣金，可谓双赢。

第十一章

电商企业的微信营销策略

第一节 B2B 网站的微信营销策略

现在,很多 B2B 网站都争先恐后地开通了微信公众账号,开始进行微信营销。微信这个即时通信工具不但成了很多企业与客户之间进行沟通的途径,也能为 B2B 网站直接带来巨大的利润。因为 B2B 网站本身就拥有了丰富的行业资源,如经销商数据库、注册会员信息及供应、采购、展会等产业链信息,能够打通上游供应商与下游客户之间的通道。如果利用好微信公众账号,完全能打造出一个在线的 B2B 行业展会,使客户随时随地都能通过微信公众账号进行商品的采购、交易。

那么,B2B 网站应该如何利用微信来进行营销呢?

1. 打造第三方营销和服务平台

B2B 网站将微信公众账号打造成第三方营销和服务平台,能够使企业商业电子化,把原本非常复杂的多对多交流过程,简化为人机交互的简单指令操作。通过这个第三方营销和服务平台,70% 以上的业务都能轻松完成,而网站则会逐渐失去它的价值,甚至最终被边缘化。这个"小前台、大后台"的系统解决方案,能有效提高客户服务的质量与效率,也能使客户获得更好的体验。

科通芯城的微信公众账号已经逐步完成了向第三方营销和服务平台的转变,它的运营过程有很多值得其他企业借鉴之处。

> 科通芯城的经营一直存在一个难题：企业类客户需要协同的客户服务，原有网站的交易过程非常烦琐、杂乱，导致客户体验一直很差。为解决这个问题，科通芯城开通了微信公众账号，尝试着将销售、采购、物流、仓库管理、客户服务等业务逐渐向微信平台转移，使微信公众账号成为一个第三方营销和服务平台。
>
> 在科通芯城的微信公众账号上，客户可以进行产品价格查询，可以进行订单管理，可以进行账务跟踪，可以收到即时通知，可以与科通芯城进行交流……这样一来，交易和售后服务门槛就大大降低了，服务效率也得到了大幅提升。

2. 实现客户协同

B2B 网站为客户提供服务，并不像 B2C 网站那样只服务于一个人。它不但要让客户获得周到全面的服务，还要与客户进行协同。利用微信公众账号来实现客户协同，能有效提高客服效率。首先，微信作为一个即时交流工具，拥有庞大的用户基数，准入门槛非常低；其次，微信公众账号的"自定义菜单"能搭建很多功能模块，很多原本只能靠人工来提供的服务，在微信平台上可自助获得，既节省成本又提高运转效率。

3. 与客户进行互动

微信不只是一个营销平台，也是一个拥有无限潜力的服务平台。客户可以通过微信公众账号与 B2B 网站进行随时随地的互动，从而及时完成交易、获得服务。

传统模式下，客户要想与 B2B 网站进行交流，必须要输入账号、密码，登陆网站，复杂的沟通流程给客户带来了糟糕的体验，还未必能及时得到回复。

因此，以前客户与B2B网站之间的互动是非常少的，沟通也极为不畅。而通过微信公众账号，客户只要有问题就能与B2B网站进行互动，极大地提升了客户体验，而且从某种程度上降低了客户对网站的依赖性。

第二节 B2C网站的微信营销策略

B2C模式是企业对消费者的电子商务模式，是我国最早产生的电子商务模式。B2C指的是企业通过互联网为消费者提供一个与实体店完全不同的购物环境——网上商店，消费者在网上就可以自由购物、完成支付。这种模式不但能为消费者和企业节省大量的时间和空间，也在很大程度上提高了交易效率。现在，有很多B2C网站开始利用微信来进行营销，并取得了丰硕的成果。

对于B2C网站来说，微信营销的主要策略是不断提升用户体验。用户是B2C网站的生命线，用户越多、关注度越高，销售量就越大。如果没有用户，那网站盈利也就无从谈起。因此，B2C网站的微信公众账号必须要以提升用户体验为核心目标，只有这样才能留住用户，留住"上帝"。

聚美优品是第一批开通微信公众账号的B2C网站，现在已拥有了4万多关注用户。它在提升用户体验方面可谓做到了极致。

聚美优品是国内领先的化妆品B2C网站，它的微信公众账号备受人们的喜爱，是在最短时间里获取关注用户最多的微信公众账号之一。聚美优品非常重视用户体验，并为此采取了各种各样的手段。

一是使微信公众账号更加人性化。用户不喜欢机械的、冰冷的自动回复，为了给用户带来熟悉感和亲密感，聚美优品将微信公众账号打造成了一个活生生的、温暖的卡通形象。在微信公众账号里，聚美优品自称是"小美"，用户可以打趣她，可以和她聊天，可以向她咨询产品信息，甚至还可以向她索取聚美优品创始人陈欧的签名照片。"小美"每周都会贴心地向用户推送一些产品使用信息，只要用户回复试用的理由，就可以得到试用机会。每次，都会有很多用户参与其中，回复信息超过了上万条，互动性非常高。

二是积极开展多种优惠活动。2012年10月，聚美优品通过微信公众账号推出了"晒微信心愿，赢万元大奖"的线上活动。在活动期间，聚美优品每天都会从在微信上晒心愿的关注用户中抽取一位幸运者，被抽中的人就可以获得价值1000元的大礼包。为了提高用户参与活动的积极性，聚美优品创始人陈欧也参与到了这个活动之中，从获得1000元大礼包的用户中再抽出一位幸运者，实现她通过聚美优品的微信公众账号许下的心愿。这个活动极大地促进了聚美优品与用户之间的交流与互动。除此之外，聚美优品还曾经策划过"小美急诊室"活动，用户可以通过微信公众账号来咨询美妆相关问题，如肌肤如何护理、怎样选择护肤产品、怎么化妆更美等。聚美优品会定期选择一些用户最为关注的问题进行回答，给出一些切实可行的妙招。这些活动重新定义了品牌互动，也不断提升着用户体验。

三是推出"微信剧"，进行创新式营销。2013年1月，聚美优品在微信公众账号上推出了"微信剧"。这个"微信剧"是由聚美客服"小美"演绎的多集悬念电台小品，用户收听之后可以通过微信公众账号进行剧情讨论，幸运的人还能获得化妆品礼包。这种微信传播形式令人耳目一新，吸引了很多用户的注意力，在微博和其他社交平台上也引起了多次转发。

四是发放微信会员卡。凡是关注聚美优品微信公众账号的用户都可以领取专属的微信会员卡，不但能领到各种面额的优惠券，还可以享受聚美优品针对微信会员开展的各种优惠活动。这种快捷的开卡模式、方便的优惠渠道，受到了很多微信用户的欢迎。

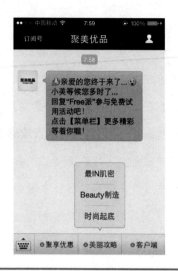

最重要的是，通过微信公众账号，B2C 网站可以实现移动端全流程的购物和客户服务，搭建起一个全新的智能移动购物平台，实现点对点的精准营销。

参考文献

[1] 王易，蓝尧. 微信这么玩才赚钱 [M]. 北京：机械工业出版社，2013.

[2] 林大亮，程小永，陈俊. 微信营销与运营攻略 [M]. 北京：机械工业出版社，2014.

[3] 王易. 微信营销与运营：策略、方法、技巧与实践 [M]. 北京：机械工业出版社，2013.

[4] 程小永，李国建. 微信营销解密：移动互联网时代的营销革命 [M]. 北京：机械工业出版社，2013.

[5] 熊涛，张兵. 玩转微信营销实战手册 [M]. 北京：中国铁道出版社，2013.

[6] 王金泽. 微信营销完全攻略 [M]. 北京：人民邮电出版社，2014.

[7] 方建华. 微信营销与运营解密：利用微信创造商业价值的奥秘[M]. 北京：机械工业出版社，2013.

[8] 郭春光. 你早该这么玩微信：深度分析微信营销的100个案例 [M]. 北京：清华大学出版社，2014.

[9] 夏雪峰. 微信营销应该这么做 [M]. 北京：机械工业出版社，2014.

[10] 邱道勇. 微信改变世界 [M]. 北京：中国财富出版社，2013.

[11] 易伟. 微信公众平台搭建与开发揭秘 [M]. 北京：机械工业出版社，2013.

[12] 青龙老贼，等. 微信终极秘籍：精通公众号商业运营 [M]. 北京：电子工业出版社，2014.

[13] 陈炽，陈楚立，钟建华. 微信营销实战宝典 [M]. 广州：广东经济出版社，2013.

[14] 朱艳婷，丁当. 微信来了 [M]. 北京：北京理工大学出版社，2014.

[15] 胡炬.微信营销实战：快速提升品牌影响力的7堂精品课[M].北京：中国铁道出版社，2014.

[16] 石建鹏，文丹枫.微信力：掌中商战的顶级营销策略[M].北京：电子工业出版社，2013.

[17] 刘畅，等.微信营销一本通[M].北京：电子工业出版社，2014.

[18] 鞠明君.微信：社会化媒体营销的革命[M].北京：清华大学出版社，2013.

[19] 方倍工作室.微信公众平台开发最佳实践[M].北京:机械工业出版社，2014.

[20] 谭运猛.微信营销360度指南：模型案例方法和技巧[M].北京：机械工业出版社，2014.

[21] 崔学良.无微不至:5分钟玩转微信营销[M].北京:国际文化出版公司，2013.

[22] 张易轩.网络营销推广与实战宝典[M].北京：中国商业出版社，2013.

[23] 李晓斌，等.玩转微信[M].北京：机械工业出版社，2014.

[24] 刘伟毅，张文.获利时代：移动互联网的新商业模式[M].北京：人民邮电出版社，2014.

[25] 沈周俞.企业微营销：移动互联网时代，这么营销就对了[M].北京：中华工商联合出版社，2014.